INTRODUCCIÓN A LA MACROECONOMÍA EN VIÑETAS

INTRODUCCIÓN A LA
MACROECONOMÍA EN VIÑETAS

POR **GRADY KLEIN** Y **YORAM BAUMAN**

EL PRIMER Y ÚNICO **ECONOHUMORISTA** DEL MUNDO

TRADUCCIÓN DE FRANCISCO J. RAMOS MENA

DEBOLS!LLO

Papel certificado por el Forest Stewardship Council®

Título original: *The Cartoon Introduction to Economics. Volume Two: Macroeconomics*
Publicado por acuerdo con Hill and Wang, una división de Farrar, Straus and Giroux, LLC,
New York.

Primera edición en Debolsillo: marzo de 2021

© 2012, Yoram Bauman
© 2012, Grady Klein, por las ilustraciones
© 2013, 2021, Penguin Random House Grupo Editorial, S. A. U.
Travessera de Gràcia, 47-49. 08021 Barcelona
© 2013, Francisco José Ramos Mena, por la traducción
Diseño de la cubierta: Glady Klein

Printed in Spain – Impreso en España

ISBN: 978-84-663-5319-9
Depósito legal: B-4.268-2020

Compuesto en: M. I. Maquetación S. L.

Impreso en Huertas
Fuenlabrada (Madrid)

P 3 5 3 1 9 9

ÍNDICE

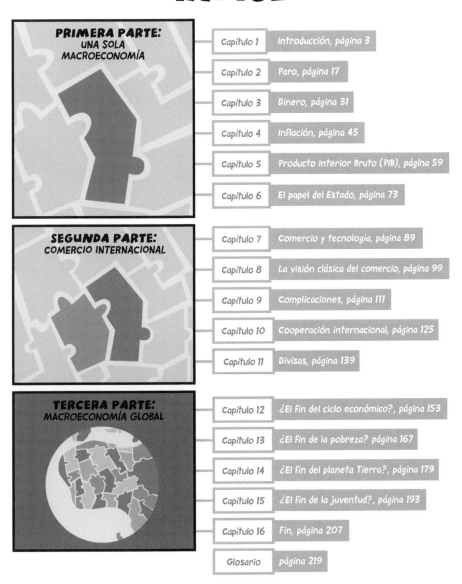

PRIMERA PARTE
UNA SOLA MACROECONOMÍA

CAPÍTULO 1
INTRODUCCIÓN

¡LA ECONOMÍA VERSA SOBRE **INDIVIDUOS OPTIMIZADORES**!

ESTE LIBRO TRATA DE
MACROeconomía...

... QUE EXAMINA CUESTIONES QUE AFECTAN A **LA ECONOMÍA DE TODA UNA COMUNIDAD**...

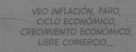

VEO INFLACIÓN, PARO,
CICLO ECONÓMICO,
CRECIMIENTO ECONÓMICO,
LIBRE COMERCIO...

... O INCLUSO DEL **PLANETA ENTERO**.

LA **MACROECONOMÍA DE UN PAÍS** INCLUYE **TODOS** LOS DISTINTOS MERCADOS INDIVIDUALES QUE HEMOS ESTUDIADO EN MICROECONOMÍA...

... DE MODO QUE **TODO** LO QUE HEMOS APRENDIDO SOBRE MICROECONOMÍA...

OFERTA Y DEMANDA

TEORÍA DE JUEGOS

LA MANO INVISIBLE

LA TRAGEDIA DE LOS COMUNES

... ¡TAMBIÉN SE APLICA AQUÍ!

¡LA MACROECONOMÍA **SE CONSTRUYE A BASE** DE MICROECONOMÍA!

¡ESTAMOS SENTANDO LOS **MICROCIMIENTOS** DE LA MACROECONOMÍA!

MICRO

MICRO MICRO MICRO MICRO MICRO MICRO MICRO...

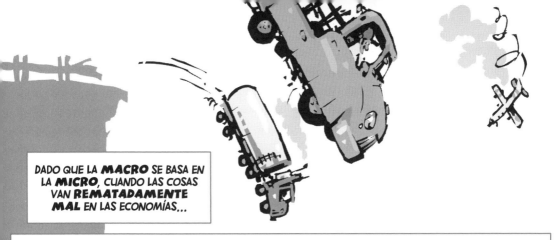

DADO QUE LA **MACRO** SE BASA EN LA **MICRO**, CUANDO LAS COSAS VAN **REMATADAMENTE MAL** EN LAS ECONOMÍAS...

... LOS MACROECONOMISTAS **NO** CONCLUYEN QUE **LA GENTE SE HA VUELTO LOCA O ESTÚPIDA**.

¡OIGA! ¡QUIERO QUE CONDUZCA ESTE COCHE PRECIPICIO ABAJO!

VALE, DE ACUERDO.

EN LUGAR DE ESO, LOS MACROECONOMISTAS SE ESFUERZAN EN ENTENDER CÓMO LA GENTE PUEDE SER **OPTIMIZADORA**...

... Y AUN ASÍ METERSE EN PROBLEMAS.

¡OIGA! ¡QUIERO QUE CONDUZCA ESTE COCHE PRECIPICIO ABAJO!

PRIMERO DEJE QUE ME PONGA ESTE CASCO.

VALE, **AHORA** YA PUEDO HACERLO.

Y OBVIAMENTE, CUANDO LAS COSAS **VAN BIEN**, LOS ECONOMISTAS TAMBIÉN UTILIZAN A LOS INDIVIDUOS OPTIMIZADORES PARA EXPLICARLO.

¡LA ECONOMÍA ESTÁ EN PLENA ACTIVIDAD!

¡ESTÁN TAN OCUPADOS COMO ABEJAS!

LA MACROECONOMÍA TIENE **DOS GRANDES OBJETIVOS.**

UNO ES **AUMENTAR EL NIVEL DE VIDA A LARGO PLAZO,**
DE MODO QUE LOS NIÑOS DE HOY ESTÉN MEJOR QUE SUS ABUELOS...

EN MIS TIEMPOS NO TENÍAMOS **TELÉFONOS MÓVILES...**

... ¡NI **INTERNET!**

XQ NO KDMS STA TRDE?

2012

... IGUAL QUE **ESOS ABUELOS** PROBABLEMENTE HAN ESTADO MEJOR QUE LOS **SUYOS** PROPIOS...

EN MIS TIEMPOS NO ERA SEGURO BEBER AGUA...

... Y EL 10 % DE LOS NIÑOS MORÍAN ANTES DE CUMPLIR UN AÑO.

LO SIENTO, ABUELOS, NO TENGO TIEMPO PARA CHARLAR. TENGO QUE AYUDAR A PAPÁ A **LIMPIAR LA LETRINA.**

1940

... Y ASÍ SUCESIVAMENTE.

EN MIS TIEMPOS NO TENÍAMOS **LA RUEDA.**

¿DE VERDAD TENÍAS QUE ACARREAR LA LEÑA **EN BRAZOS?**

¡SÍ, Y SIEMPRE **CUESTA ARRIBA!**

5.000 A.C.

EL OBJETIVO DE AUMENTAR EL NIVEL DE VIDA SE REMONTA NADA MENOS QUE A **ADAM «MANO INVISIBLE» SMITH.**

ME GUSTARÍA HACER UNA INVESTIGACIÓN SOBRE LA NATURALEZA Y LAS CAUSAS DE **LA RIQUEZA DE LAS NACIONES.**

¡EH! ¡ESO SUENA COMO UN GRAN TÍTULO PARA UN LIBRO!

EN 1776, ADAM SMITH INTRODUJO UNA **METÁFORA MACROECONÓMICA**...

«LO QUE ES PRUDENCIA EN LA CONDUCTA DE TODA **FAMILIA PRIVADA**...

... DIFÍCILMENTE PUEDE SER NECEDAD EN UN GRAN **REINO**.»

... CUYOS ECOS RESUENAN HASTA HOY.

LAS **FAMILIAS** SE APRIETAN EL CINTURÓN...

... Y EL **ESTADO** TIENE QUE HACER LO MISMO.

LA IDEA DE QUE LA MACROECONOMÍA ES COMO UNA FAMILIA BIEN ORGANIZADA SE CONOCE COMO **LA VISIÓN CLÁSICA**.

DE AHÍ QUE LA VISIÓN CLÁSICA SE PAREZCA A MENUDO AL SENTIDO COMÚN:

NO PIDAS PRESTADO MÁS DE LO QUE PUEDES DEVOLVER.

INVIERTE EN TU EDUCACIÓN Y EN TU FUTURO.

MANTÉN EL IMPERIO DE LA LEY.

OBVIAMENTE, DEBERÍAS COMERCIAR CON TUS VECINOS.

LA MAYORÍA DE LOS ECONOMISTAS COINCIDEN EN QUE LA VISIÓN CLÁSICA TIENE MUCHO SENTIDO **A LARGO PLAZO**.

SOLO HAY UN **PROBLEMA**:

¿QUÉ PASA CON LA **GRAN DEPRESIÓN**?

¿LA GRAN DEPRESIÓN?

NUNCA HE OÍDO HABLAR DE ELLA.

ENTENDER LOS FENÓMENOS DE **EXPANSIÓN Y RECESIÓN**, COMO LA **GRAN DEPRESIÓN** QUE SE INICIÓ EN 1929, ES EL **SEGUNDO GRAN OBJETIVO** DE LA MACROECONOMÍA.

LA TASA DE PARO LLEVA CUATRO AÑOS POR ENCIMA DEL 20 %,

¡VAYA! ¡ESTA SÍ QUE ES UNA **GRAN** DEPRESIÓN!

MIENTRAS QUE LA VISIÓN CLÁSICA EXPLICA BASTANTE BIEN EL **CRECIMIENTO A LARGO PLAZO**, NO LOGRA EXPLICAR LAS FLUCTUACIONES DEL **CICLO ECONÓMICO** A CORTO PLAZO.

¡HEMOS PERDIDO NUESTRO TRABAJO!

BUENO... HUM... **NO SE** PREOCUPEN...

... ¡LA ECONOMÍA MEJORARÁ **A LARGO PLAZO**!

ESTO LLEVÓ AL ECONOMISTA BRITÁNICO **JOHN MAYNARD KEYNES** A HACER EL PRIMER CHISTE MACROECONÓMICO DE LA HISTORIA:

«A LARGO PLAZO TODOS ESTAREMOS **MUERTOS**.»

LA IDEA DE QUE LA ACCIÓN DEL ESTADO PUEDE PROMOVER LA ESTABILIDAD A CORTO PLAZO SE CONOCE COMO **LA VISIÓN KEYNESIANA**.

EN 1931, KEYNES IMAGINÓ UNA ÉPOCA EN LA QUE LOS ECONOMISTAS DEL ESTADO PODRÍAN **AJUSTAR LA ECONOMÍA DE MANERA FÁCIL Y SENCILLA**.

POR DESGRACIA, TRATAR DE **EXPLICAR** LOS ALTIBAJOS DEL **CICLO ECONÓMICO**, Y NO DIGAMOS **ARREGLARLOS**...

... HA RESULTADO SER TAN DIFÍCIL **COMO SACAR UNA MUELA**.

EN RESUMEN, LOS **DOS GRANDES OBJETIVOS** DE LA MACROECONOMÍA SON:

EXPLICAR **CÓMO CRECEN LAS ECONOMÍAS...**

HACE 400 AÑOS, CASI TODO EL MUNDO EN EL PLANETA TIERRA ERA **POBRE**...

... DENTRO DE 400 AÑOS, ¡QUIZÁ TODO EL MUNDO SEA **RICO**!

A **LARGO PLAZO**, LAS ECONOMÍAS EN SU CONJUNTO PARECEN FUNCIONAR COMO UN **RELOJ**...

... O COMO **UN CABALLO DE CARRERAS**...

¡LA MACROECONOMÍA **AVANZA COMO UNA MÁQUINA ARROLLADORA**!

... O, COMO SUGERÍAN LOS ECONOMISTAS CLÁSICOS, **UNA FAMILIA BIEN ORGANIZADA.**

TODO SUCEDE PARA BIEN EN ESTE, **EL MEJOR DE LOS MUNDOS POSIBLES.**

EN ESTE LIBRO EXAMINAREMOS LA **MACROECONOMÍA** ESTUDIANDO LA ECONOMÍA DE **UN PAÍS...**

¡ESTE PAÍS ES COMO UNA GRAN **FAMILIA FELIZ!**

¡POR FAVOR!

.. DESPUÉS EL COMERCIO ENTRE **DOS PAÍSES...**

O INCLUSO ENTRE **DOS PLANETAS.**

... Y LUEGO LA **MACROECONOMÍA GLOBAL.**

¡HLWOO ZEELNOO FLOUDABLZ, **GHOW NEERP GRSA!**

ZANTROK DICE QUE LOS HUMANOS TENEMOS ALGUNAS GRANDES CUESTIONES QUE ABORDAR.

A LO LARGO DE SUS PÁGINAS EMPRENDEREMOS LA BÚSQUEDA DEL **SANTO GRIAL** DE LA MACROECONOMÍA:

CÓMO LOGRAR QUE LAS ECONOMÍAS CREZCAN SIN DESPLOMARSE.

LO QUE BUSCAMOS...

... ES UNA FORMA DE **AUMENTAR EL NIVEL DE VIDA** A LARGO PLAZO...

... AL TIEMPO QUE SE **MANTIENE LA ESTABILIDAD** A CORTO PLAZO.

EN ESTE LIBRO, NOS **GUSTARÍA** PRESENTAR UNA **TEORÍA UNIFICADA** DE LA MACROECONOMÍA...

¡HE RESUELTO EL CRECIMIENTO A LARGO PLAZO **Y** LA ESTABILIDAD A CORTO PLAZO!

¡ENHORABUENA! ¡HA GANADO EL **PREMIO NOBEL**!

... PERO LO CIERTO ES QUE LA BÚSQUEDA DEL SANTO GRIAL **TODAVÍA SIGUE**.

¡**DESPIERTA**!

TENEMOS TRABAJO.

SÉ QUE ESTÁ EN ALGÚN SITIO.

CAPÍTULO 2
PARO

¿QUÉ? ¿ENCUENTRAS **ALGÚN TRABAJO**?

NO, ¡NADIE NECESITA **ZÁNGANOS**!

LA MEJOR FORMA DE ENTENDER **LA VISIÓN KEYNESIANA DE LA ECONOMÍA**...

¡LA MACROECONOMÍA ES COMO UNA **FAMILIA DESESTRUCTURADA**!

... ES OBSERVAR EL **MERCADO DE TRABAJO**.

A CORTO PLAZO, LAS ECONOMÍAS DESARREGLADAS PUEDEN TENER A **MONTONES** DE PERSONAS SIN TRABAJO.

¡BUSCA TRABAJO!

¡MIRA QUIÉN FUE A HABLAR!

DURANTE LA **GRAN DEPRESIÓN**, POR EJEMPLO, LA TASA DE PARO EN ESTADOS UNIDOS LLEGÓ A ALCANZAR UN MÁXIMO DEL **25 %** EN 1933.

ODIO MI TRABAJO.

ODIO MI TRABAJO.

ODIO MI TRABAJO.

¡VAYA TÍOS CON SUERTE!

MÁS RECIENTEMENTE, LA «GRAN RECESIÓN» INICIADA EN SEPTIEMBRE DE 2007 COMPORTÓ TAMBIÉN UN LARGO PERÍODO DE **PARO ELEVADO** PARA LOS ESTÁNDARES ESTADOUNIDENSES, QUE EN 2009 ALCANZÓ UN MÁXIMO DEL 10 %.

¿CUÁL ES LA DIFERENCIA ENTRE UNA **RECESIÓN** Y UNA **DEPRESIÓN**?

ES COMO LA DIFERENCIA ENTRE ESTAR **ENFERMO**...

... Y ESTAR EN EL **LECHO DE MUERTE**.

PERO OBSERVAR EL **MERCADO DE TRABAJO** ES TAMBIÉN LA MEJOR FORMA DE ENTENDER...

... LA **VISIÓN CLÁSICA** DE LA ECONOMÍA.

¡LA MACROECONOMÍA ES COMO UNA **FAMILIA BIEN ORGANIZADA**!

A LARGO PLAZO, Y PESE A LOS **GRANDES CAMBIOS** PRODUCIDOS EN EL MERCADO DE TRABAJO DURANTE LOS DOS ÚLTIMOS SIGLOS...

COMO EL CRECIMIENTO DEMOGRÁFICO...

¡VAMOS A NECESITAR **100 MILLONES MÁS DE PUESTOS DE TRABAJO**!

LA INCORPORACIÓN DE LAS MUJERES A LA POBLACIÓN ACTIVA...

¡QUE SEAN **200 MILLONES**!

EL CAMBIO TECNOLÓGICO...

NO NECESITO UNA SECRETARIA: TENGO UN **ORDENADOR**...

Y LA GLOBALIZACIÓN...

... Y ESTÁ **FABRICADO EN CHINA**.

... LAS ECONOMÍAS DE LIBRE MERCADO HAN SEGUIDO CREANDO PUESTOS DE TRABAJO PRÁCTICAMENTE PARA **TODO EL MUNDO**.

¡YO LLENO MI **CUENTA BANCARIA**!

¡YO LLENO MI **NEVERA**!

¡YO LLENO MIS **PAÑALES**!

PARA ENTENDER LA **VISIÓN CLÁSICA**, ECHEMOS UN VISTAZO A **ESTADOS UNIDOS** Y A **EUROPA**.

APROXIMADAMENTE HASTA 1800, SUS MERCADOS DE TRABAJO ESTABAN DOMINADOS POR LA **AGRICULTURA**.

¡NECESITO A ALGUIEN QUE LIMPIE LA **RED DE TELARAÑAS** DE ESTE GRANERO!

¡NOSOTROS PODEMOS HACERLO!

EN 1930 LA MAYORÍA DE ESOS TRABAJOS HABÍAN DESPARECIDO, PERO ERAN REEMPLAZADOS POR OTROS COMO LOS DE LA **INDUSTRIA MANUFACTURERA**.

HE DERRIBADO EL GRANERO Y CONSTRUIDO ESTA FÁBRICA TEXTIL...

... ¡Y NECESITO A ALGUIEN QUE COORDINE NUESTRA **RED** DE PROVEEDORES!

¡NOSOTROS PODEMOS HACERLO!

Y EN EL SIGLO XXI MUCHOS DE ESOS EMPLEOS ESTÁN DESAPARECIENDO Y ESTÁN SIENDO REEMPLAZADOS POR **TRABAJOS DEL SECTOR SERVICIOS**.

¡NECESITO A ALGUIEN QUE GESTIONE NUESTRA **PÁGINA EN LA RED**!

¡NOSOTROS PODEMOS HACERLO!

LA LECCIÓN A APRENDER ES QUE, CON EL TIEMPO, EL **TRABAJO DESAPARECE EN ALGUNAS PARTES** DE UNA ECONOMÍA DE LIBRE MERCADO...

... PERO **REAPARECE EN OTRAS**.

HE PERDIDO MI TRABAJO COMO **ADIESTRADOR DE CABALLOS**.

¡HE ENCONTRADO TRABAJO EN **LA CONSTRUCCIÓN DE TRENES DE ALTA VELOCIDAD**!

EL ECONOMISTA AUSTRÍACO **JOSEPH SCHUMPETER** DENOMINÓ A ESTE PROCESO **DESTRUCCIÓN CREATIVA**.

POR LA MAÑANA TODO ESTO SE LO LLEVARÁ EL MAR...

... ¡Y PODREMOS EMPEZAR DE NUEVO!

POR DESGRACIA, **NO HAY GARANTÍA** ALGUNA DE QUE LAS ECONOMÍAS DE LIBRE MERCADO **SIEMPRE** SEAN TAN EFICACES A LA HORA DE CREAR PUESTOS DE TRABAJO **PARA TODO EL MUNDO**...

ES UNA LÁSTIMA QUE TODA ESA GENTE **NO ENCUENTRE TRABAJO**.

SÍ, SEÑORA, ¡UNA AUTÉNTICA TRAGEDIA!

... PERO HASTA AHORA EL HISTORIAL DE LOS MERCADOS LIBRES HA SIDO **NOTABLE**.

¡ES COMO SI TODA LA ECONOMÍA ESTUVIERA **GUIADA POR UNA MANO INVISIBLE**!

¡LA VIDA ES BELLA!

POR LO QUE RESPECTA AL MERCADO DE TRABAJO, EL RETO ESTÁ EN **RECONCILIAR LAS VISIONES CLÁSICA Y KEYNESIANA.**

EL MERCADO DE TRABAJO ES COMO UN **RELOJ PERFECTAMENTE EFICIENTE,** AL QUE DA CUERDA MILAGROSAMENTE LA GLORIOSA MANO INVISIBLE.

ENTONCES, ¿POR QUÉ LA TASA DE PARO ES TAN ALTA?

PARA HACER ESTO ES ÚTIL CONTAR CON UNA BUENA **DEFINICIÓN DE «PARO» O «DESEMPLEO»,** UN TÉRMINO QUE PARECE SENCILLO, PERO QUE EN REALIDAD RESULTA BASTANTE COMPLICADO.

¿NOSOTROS SOMOS PARADOS?

ESOS CERDOS CAPITALISTAS SON CAPACES DE **LLAMARME** PARADO...

... ¡PERO YO DIGO QUE **TRABAJO PARA LA REVOLUCIÓN!**

CREO QUE ESTOY A PUNTO DE **PARIR...**

¡CON LO QUE CUESTA MOVER ESTO! ¿CÓMO PUEDEN DECIR QUE ESTOY PARADA?

SEGÚN LOS ECONOMISTAS, SOLO ERES UN **PARADO** SI ESTÁS BUSCANDO **ACTIVAMENTE UN TRABAJO REMUNERADO Y NO LO ENCUENTRAS.**

no forman parte de la población activa

Forman parte de la población activa

NI TENEMOS TRABAJO REMUNERADO NI LO QUEREMOS.

SOMOS **EMPLEADOS:** TENEMOS TRABAJO REMUNERADO.

SOMOS **DESEMPLEADOS:** QUEREMOS TRABAJO REMUNERADO, PERO NO LO TENEMOS.

ALGUNAS ESTADÍSTICAS INCLUYEN TAMBIÉN A LOS LLAMADOS **TRABAJADORES DESALENTADOS,** QUE HAN DEJADO DE BUSCAR TRABAJO AL NO ENCONTRARLO; PERO TÉCNICAMENTE SOLO ERES UN **PARADO** SI BUSCAS TRABAJO ACTIVAMENTE.

¿LLEVO **TODO EL DÍA** BUSCANDO TRABAJO Y TÚ TE LO HAS PASADO AHÍ SENTADO EN EL SOFÁ?

¡BUENO, AL MENOS YO NO SOY UN **PARADO!**

LOS ECONOMISTAS DISTINGUEN TAMBIÉN ENTRE **TRES TIPOS BÁSICOS** DE PARO.

FRICCIONAL

ESTRUCTURAL

CÍCLICO

EL PRIMER TIPO, EL **PARO FRICCIONAL**, ES EL PARO INEVITABLE A CORTO PLAZO CAUSADO POR LOS CAMBIOS EN LA ECONOMÍA Y EN LA VIDA DE LAS PERSONAS.

ME MUDÉ A OTRO ESTADO PARA ESTAR CERCA DE MIS PADRES, Y AHORA ME ESTÁ COSTANDO UN POQUITO ENCONTRAR TRABAJO EN LO MÍO.

ME HAN ECHADO PORQUE QUIEREN «**REDUCIR**» LA PLANTILLA...

... PERO TENGO TRES ENTREVISTAS LA SEMANA QUE VIENE.

EL PARO **FRICCIONAL** TIENE SENTIDO **TANTO** PARA LOS ECONOMISTAS CLÁSICOS **COMO** PARA LOS KEYNESIANOS.

HASTA UNA MÁQUINA PERFECTAMENTE CONSTRUIDA TIENE **FRICCIONES**...

... Y LO MISMO VALE PARA UNA MACROECONOMÍA, AUNQUE SEA UNA QUE FUNCIONE PERFECTAMENTE.

PARA ENTENDER EL **SEGUNDO TIPO** DE PARO HAY QUE RECORDAR QUE, COMO VEÍAMOS EN MICROECONOMÍA, SE SUPONE QUE EL **PRECIO DEL TRABAJO EQUILIBRA LA OFERTA Y LA DEMANDA**.

EL NÚMERO DE PERSONAS QUE QUIEREN TRABAJAR A 10 $/HORA...

... ES IGUAL AL NÚMERO DE TRABAJOS A 10 $/HORA DISPONIBLES.

10 $/HR

EL PARO A LARGO PLAZO QUE SE PRODUCE CUANDO ESTE EQUILIBRIO FALLA SE DENOMINA **PARO ESTRUCTURAL**.

CON UN SALARIO DE 15 $/HORA, **200 DE NOSOTROS QUEREMOS TRABAJAR**...

... PERO A 15 $/HORA SOLO QUEREMOS CONTRATAR A **30 PERSONAS**.

LO CUAL DEJA A **170 PERSONAS DESEMPLEADAS**.

15 $/HR

LA PREGUNTA OBVIA ES: ¿**POR QUÉ NO BAJAN LOS SALARIOS** PARA NIVELAR LA OFERTA Y LA DEMANDA?

UNA POSIBLE CAUSA SON LAS **LEYES DE SALARIO MÍNIMO**.

EL ESTADO DICE QUE **TIENES** QUE PAGAR 15 $/HORA.

¡DE MODO QUE EL PRECIO DEL TRABAJO **NO PUEDE** BAJAR!

OTRA POSIBILIDAD SON LOS **SALARIOS DE EFICIENCIA**.

PODRÍAMOS TENER TRABAJADORES A 10 $/HORA...

... PERO PAGAMOS 15 $/HORA PARA EVITAR LA **ROTACIÓN DE PERSONAL**...

... ¡Y PARA MOTIVAR A NUESTROS EMPLEADOS A **ESFORZARSE**!

PARADÓJICAMENTE, EL PARO ESTRUCTURAL TAMBIÉN PUEDE DERIVARSE DE POLÍTICAS PÚBLICAS DESTINADAS A **MANTENER PUESTOS DE TRABAJO.**

¡LOS PUESTOS DE TRABAJO SON **IMPORTANTES!**

ASÍ QUE, SI QUIERES **ECHAR A ALGUIEN,** NECESITAS UNA BUENA RAZÓN...

... Y TENDRÁS QUE PAGAR UNA **INDEMNIZACIÓN** EQUIVALENTE A **SEIS MESES DE SALARIO.**

LA PARADOJA ES QUE LAS EMPRESAS QUE NO PUEDEN **DESPEDIR** FÁCILMENTE A LOS TRABAJADORES TAMBIÉN SE MOSTRARÁN MÁS REACIAS A **CONTRATARLOS.**

¿PUEDEN DARME TRABAJO?

BUENO, EN **ESTE MOMENTO** TENEMOS TRABAJO PARA USTED...

... PERO NO QUEREMOS ARRIESGARNOS A **QUEDARNOS ATADOS.**

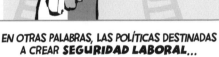

EN OTRAS PALABRAS, LAS POLÍTICAS DESTINADAS A CREAR **SEGURIDAD LABORAL...**

... PUEDEN CREAR UNA **RIGIDEZ** EN EL MERCADO DE TRABAJO QUE INCREMENTE EL PARO.

¡LAS FUERZAS DEL MERCADO NO PUEDEN **CREAR** A MENOS QUE TAMBIÉN PUEDAN **DESTRUIR!**

¡FRÁGIL! ¡NO TOCAR!

LA MAYORÍA DE LOS ECONOMISTAS PIENSAN QUE **DEJANDO AL MERCADO A SU AIRE** SE CREARÍAN MÁS PUESTOS DE TRABAJO.

¡FUNCIONARÍA MUCHO MEJOR **SI DEJARA DE METER LA MANO!**

25

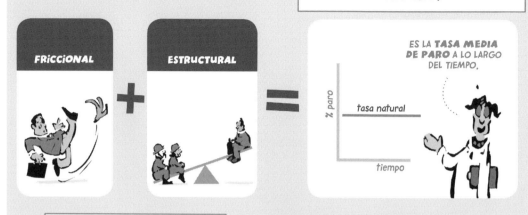

SI SUMAS **LOS DOS PRIMEROS TIPOS** DE PARO...

... TENDRÁS LA **TASA NATURAL DE PARO**.

FRICCIONAL

+

ESTRUCTURAL

=

ES LA **TASA MEDIA DE PARO** A LO LARGO DEL TIEMPO.

tasa natural

% paro

tiempo

EN ESTE PUNTO, LOS ECONOMISTAS CLÁSICOS Y LOS KEYNESIANOS **TIENDEN A COINCIDIR**.

A LARGO PLAZO, LA ECONOMÍA TIENDE A **VOLVER A LA TASA NATURAL** DE PARO.

PERO **NO COINCIDEN** CON RESPECTO AL TERCER TIPO DE PARO: EL **PARO CÍCLICO**.

EL PARO CÍCLICO HACE REFERENCIA A LAS **FLUCTUACIONES A CORTO PLAZO** EN TORNO A LA TASA NATURAL...

... CAUSADAS POR LOS **ALTIBAJOS DEL CICLO ECONÓMICO**.

fluctuaciones

% paro

tasa natural

tiempo

EL **PARO CÍCLICO** SUBRAYA LA **DIFERENCIA** ENTRE LAS VISIONES CLÁSICA Y KEYNESIANA.

¡LA ECONOMÍA ES **SIEMPRE** COMO UN **CABALLO DE CARRERAS**!

¡TONTERÍAS!

¡A VECES ES COMO UN **POTRO SALVAJE**!

FORZADOS A ELEGIR ENTRE LA **TEORÍA ECONÓMICA BÁSICA**...

LOS SALARIOS SE AJUSTAN PARA NIVELAR LA OFERTA Y LA DEMANDA.

... Y LO QUE PARECE SER UNA **REALIDAD BÁSICA**...

EL PARO AUMENTA DURANTE LAS RECESIONES...

... ¡VAYA!

... LOS ECONOMISTAS CLÁSICOS Y LOS KEYNESIANOS **TOMAN DIRECCIONES DISTINTAS**.

A LO MEJOR TODAS ESAS PERSONAS EN REALIDAD **NO ESTÁN PARADAS**.

QUIZÁ ESTÉN **DECIDIENDO NO TRABAJAR**.

ESAS PERSONAS REALMENTE **ESTÁN** PARADAS...

... DE MODO QUE LA TEORÍA BÁSICA **TIENE QUE ESTAR EQUIVOCADA**.

PERO ¿EN QUÉ?

Regla n.º 1: Los mercados siempre funcionan bien.

Regla n.º 2: Si los mercados no funcionan bien, véase la regla n.º 1.

... HASTA QUE SE LES OCURRIÓ LA IDEA DE LOS **SALARIOS RÍGIDOS.***

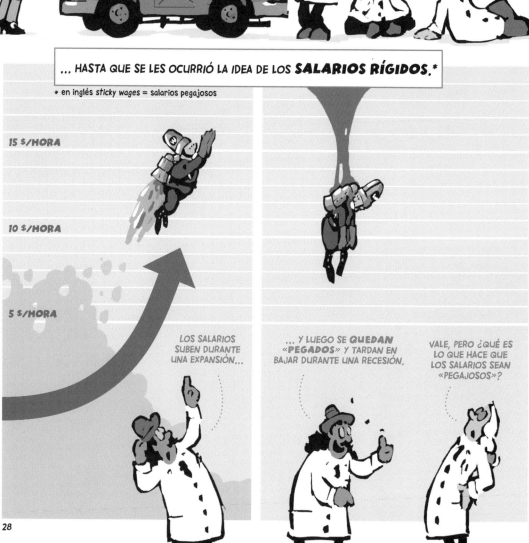

UNA POSIBLE EXPLICACIÓN DE QUE LOS SALARIOS TARDEN EN BAJAR ES QUE LOS **CONTRATOS DE TRABAJO** PUEDEN DURAR **MUCHOS AÑOS**.

VOY A CONTRATARTE PARA LOS TRES PRÓXIMOS AÑOS A 15 $/HORA.

¡VALE!, ¡PERO NO HAY VUELTA ATRÁS!

OTRA POSIBLE EXPLICACIÓN ES QUE LOS TRABAJADORES SON **PSICOLÓGICAMENTE REACIOS A LOS RECORTES SALARIALES**.

DÍGAME, ¿POR QUÉ ENVENENÓ EL CAFÉ DE SU JEFE?

¡EL MUY ESTÚPIDO QUERÍA RECORTARME EL SUELDO!

NO TODOS LOS MACROECONOMISTAS **COINCIDEN** EN QUE LOS SALARIOS PEGAJOSOS SON IMPORTANTES...

... PERO SIN ELLOS RESULTA DIFÍCIL COMBINAR **TEORÍA** Y **EVIDENCIA**.

¿CREES QUE EL PARO AUMENTA DURANTE LAS RECESIONES POR CULPA DE LOS **SALARIOS PEGAJOSOS**?

¡VENGA, SÉ **REALISTA**!

¿Y CUÁL ES TU ALTERNATIVA?

¿QUE LA GRAN DEPRESIÓN EN REALIDAD FUE UNA **GRAN VACACIÓN**?

EL PARO SIGUE SIENDO UN TEMA CANDENTE ENTRE LOS ECONOMISTAS, INCLUYENDO A LOS TRES EXPERTOS QUE GANARON **EL PREMIO NOBEL EN 2010**.

¡ENCONTRAR TRABAJO PUEDE SER **DIFÍCIL**!

¡SÍ!

¡Y PODEMOS **DEMOSTRARLO**!

¡ENHORABUENA! ¡HAN GANADO EL **PREMIO NOBEL**!

Y, AL MENOS POR AHORA, MUCHOS ECONOMISTAS KEYNESIANOS ESTÁN BASTANTE «APEGADOS» A LA TEORÍA DE LOS **SALARIOS PEGAJOSOS**.

Y LOS **SALARIOS** NO SON LAS ÚNICAS COSAS PEGAJOSAS.

¡TAMBIÉN PUEDEN SERLO OTRAS CLASES DE **PRECIOS**!

CAPÍTULO 3
DINERO

PARA LA MAYORÍA DE LA GENTE, EL **DINERO** ES UNA MEDIDA CLAVE DEL ÉXITO ECONÓMICO...

... PERO, PARA LOS ECONOMISTAS, EL **DINERO** ES SIMPLEMENTE ALGO QUE **FACILITA EL COMERCIO.**

ES COMO EL **ACEITE** QUE **LUBRICA** TODA LA ECONOMÍA.

MANTIENE EL **BUEN FUNCIONAMIENTO** DEL ENGRANAJE.

PARA ENTENDER DE QUÉ MODO EL DINERO SIRVE COMO **MEDIO DE INTERCAMBIO** EN UNA ECONOMÍA, IMAGINA LO COMPLICADA QUE RESULTARÍA LA VIDA **SIN ÉL.**

TENGO UNOS POLLOS, PERO LO QUE QUIERO DE VERDAD ES UNA **BICICLETA.**

TENGO UNA BICICLETA, PERO LO QUE QUIERO DE VERDAD SON **CLASES DE CANTO.**

YO PUEDO ENSEÑARTE A CANTAR, PERO LO QUE QUIERO DE VERDAD ES UN **CORTE DE PELO.**

¡AHORA SOLO NOS FALTA ENCONTRAR **UN BARBERO QUE QUIERA UNOS POLLOS!**

A LO LARGO DE LA HISTORIA, LA GENTE HA UTILIZADO **TODA CLASE DE COSAS** A MODO DE DINERO.

METALES PRECIOSOS

SEMILLAS

CIGARRILLOS

Y HASTA PIEDRAS ENORMES

¿ME HARÍAS EL FAVOR DE PARTIRLA?

EN LA MAYORÍA DE ESTOS CASOS, EL FACTOR CLAVE ERA QUE EL «DINERO» TENÍA UN **VALOR INTRÍNSECO.**

¿QUÉ EFIGIE APARECE EN **ESA** MONEDA?

¡MIENTRAS SEA DE **ORO** ME TRAE SIN CUIDADO!

HOY EN DÍA, LA MAYORÍA DEL DINERO ES **MONEDA FIDUCIARIA**, LO QUE SIGNIFICA QUE TIENE VALOR SIMPLEMENTE PORQUE **TODO EL MUNDO CREE QUE LO TIENE.**

ESTE BILLETE **VALE MUCHO MÁS** QUE EL PAPEL EN EL QUE ESTÁ IMPRESO.

¿EN SERIO? ¡NO ME LO CREO!

¡PERO TODOS **NOSOTROS** SÍ!

¡Y ESO LO CONVIERTE EN VERDAD!

PUEDE PARECER **DESCABELLADO** QUE LOS ESTADOS TENGAN EL PODER DE **CREAR DINERO DE LA NADA...**

¡ESTA MÁQUINA DE FABRICAR DINERO VA A HACERNOS **RICOS** A TODOS!

¡PARECE **DEMASIADO BUENO PARA SER VERDAD!**

... PERO RESULTA **MENOS DESCABELLADO** CUANDO ENTIENDES QUE ESE PODER TIENE UN **VALOR LIMITADO.**

EL PAÍS **NO PUEDE ENRIQUECERSE** SOLO IMPRIMIENDO DINERO.

ERA DEMASIADO BUENO PARA SER VERDAD.

DE HECHO, EN LO QUE SE REFIERE AL CRECIMIENTO A LARGO PLAZO, LA MAYORÍA DE LOS ECONOMISTAS DICEN QUE EL **DINERO ES NEUTRAL...**

... O, POR UTILIZAR OTRO TÉRMINO ECONÓMICO ALGO MÁS DIVERTIDO, **SUPERNEUTRAL...**

¡SOCORRO!
¡SOCORRO!

LO SENTIMOS, NO PODEMOS HACER NADA...

YO SOY **NEUTRAL...**

... ¡Y YO **SUPERNEUTRAL!**

LA TEORÍA DE LA NEUTRALIDAD DEL DINERO DICE QUE, SI SE **DUPLICARA** LA CANTIDAD DE DINERO EN CIRCULACIÓN...

... TODO EL MUNDO TENDRÍA EL **DOBLE** DE DINERO...

¡ME ACABAN DE DOBLAR EL SUELDO!

... PERO TODO COSTARÍA TAMBIÉN EL **DOBLE**.

¡EXCELENTE, PORQUE MIS **PRECIOS** TAMBIÉN ACABAN DE DOBLARSE!

DESDE ESTA PERSPECTIVA, LOS CAMBIOS EN EL VALOR DE UNA DETERMINADA MONEDA RESULTAN TAN **IRRELEVANTES** COMO, POR EJEMPLO, CAMBIAR LA DEFINICIÓN DEL METRO A **50 CENTÍMETROS** EN LUGAR DE **100**.

¡VAYA! ¡SI YA **MIDO DOS METROS**!

PERO **SIGO SIN PODER HACER MATES**...

EN RESUMEN, LA TEORÍA DE LA NEUTRALIDAD DEL DINERO DICE QUE EL **DINERO NO ES IMPORTANTE**.

ESTA IDEA SE REMONTA AL ECONOMISTA CLÁSICO **ADAM SMITH** Y A SU COLEGA **DAVID HUME**.

EL DINERO ES UN **VELO** QUE NO AFECTA A LA **REALIDAD ECONÓMICA** SUBYACENTE,

¡TENÉIS RAZÓN! ¡EL DINERO **NO IMPORTA**!

EN ESE CASO, ¿PODRÍAN DARME EL SUYO?

CASI TODOS LOS ECONOMISTAS COINCIDEN EN QUE EL DINERO NO ES IMPORTANTE **A LARGO PLAZO**...

¡SOCORRO!

¡SOCORRO!

¡SOCORRO!

¡SOCORRO!

SE LO DIJE... ...¡NO PUEDO HACER NADA!

... PERO, **A CORTO PLAZO**, LA MAYORÍA DE LOS ECONOMISTAS —ESPECIALMENTE LOS **KEYNESIANOS**— CREEN QUE EL **DINERO EN REALIDAD SÍ TIENE IMPORTANCIA.**

A LARGO PLAZO SOY SUPERNEUTRAL...

...PERO **A CORTO PLAZO** SOY **POLÍTICA-MONETARIA-MAN.**

ARGUMENTAN QUE CAMBIAR EL VALOR DE UNA MONEDA PUEDE ALTERAR TEMPORALMENTE LA **TASA DE PARO** Y OTRAS VARIABLES ECONÓMICAS IMPORTANTES.

EN LA JERGA ECONÓMICA DECIMOS QUE LOS CAMBIOS EN LAS **VARIABLES NOMINALES**...

... PUEDEN AFECTAR A LAS **VARIABLES REALES.**

EN LENGUAJE CORRIENTE, ESO SIGNIFICA QUE CAMBIAR EL NÚMERO DE CENTÍMETROS DE UN METRO...

... ¡SÍ PUEDE AYUDARME A HACER MATES!

¡NO ME EXTRAÑA QUE LA **POLÍTICA MONETARIA** SEA TAN IMPORTANTE!

LA GESTIÓN DE LA **POLÍTICA MONETARIA** ES UNA DE LAS PRINCIPALES RESPONSABILIDADES DE LAS ENTIDADES ESTATALES O SUPRAESTATALES DENOMINADAS **BANCOS CENTRALES**.

COMO LA **RESERVA FEDERAL** EN ESTADOS UNIDOS...

... EL **BANCO CENTRAL EUROPEO**...

... O EL **BANCO DE JAPÓN**.

LOS BANCOS CENTRALES NO PUEDEN HACER MUCHO CON RESPECTO AL CRECIMIENTO ECONÓMICO **A LARGO PLAZO**...

LA POLÍTICA MONETARIA TIENE QUE VER CON LA **OFERTA DE DINERO**...

... Y A LARGO PLAZO EL DINERO ES NEUTRAL.

... PERO HACEN TODO LO POSIBLE POR **PROMOVER LA ESTABILIDAD MACROECONÓMICA A CORTO PLAZO**.

NUESTRO OBJETIVO ES **AJUSTAR** LA ECONOMÍA...

... PARA TRATAR DE **EVITAR LOS FENÓMENOS DE EXPANSIÓN Y RECESIÓN**.

PARA VER CÓMO FUNCIONAN LOS BANCOS CENTRALES, IMAGINA UNA **ECONOMÍA ENFERMA** EN UNA **SITUACIÓN DE ESTANCAMIENTO.**

LA INVERSIÓN ESTÁ POR LOS SUELOS.

EL EMPLEO ESTÁ POR LOS SUELOS.

¡ES LA **PEOR FIESTA** A LA QUE HE IDO **NUNCA!**

EL BANCO CENTRAL PUEDE ESTIMULAR ESTA ECONOMÍA **INCREMENTANDO LA OFERTA DE DINERO.**

¡GASTAD! ¡GASTAD!

ESO PROPORCIONA A LAS EMPRESAS Y A LOS CONSUMIDORES INCENTIVOS PARA **AUMENTAR EL GASTO A CORTO PLAZO...**

¡CREO QUE ME VOY A COMPRAR LA NUEVA VIDEOCONSOLA!

¡CREO QUE ME VOY A COMPRAR EL NUEVO CAMIÓN-TIENDA!

... Y ESE GASTO ADICIONAL AYUDA A **IMPULSAR EL CRECIMIENTO ECONÓMICO.**

LO VEREMOS CON MÁS DETALLE EN LAS PRÓXIMAS PÁGINAS.

EN EL EXTREMO OPUESTO, IMAGINA UNA **ECONOMÍA EN PLENA BURBUJA** QUE **CRECE DEMASIADO DEPRISA.**

¡VIVAN LAS BURBUJAS!

EL BANCO CENTRAL PUEDE FRENAR ESTA ECONOMÍA **REDUCIENDO LA OFERTA DE DINERO.**

¡YA BASTA! ¡CALMAOS!

CREO QUE DE MOMENTO TENGO MÁS QUE SUFICIENTE CON MI VIDEOCONSOLA.

ME PARECE QUE VOY A TENER QUE ESPERAR PARA COMPRAR EL CAMIÓN-TIENDA.

ESTO PROPORCIONA A LAS EMPRESAS Y CONSUMIDORES INCENTIVOS PARA **REDUCIR EL GASTO A CORTO PLAZO...**

... Y ESA REDUCCIÓN DEL GASTO AYUDA A MANTENER LA ECONOMÍA **DE NUEVO BAJO CONTROL.**

NUESTRO TRABAJO ES LLEVARNOS LA PONCHERA JUSTO CUANDO SE ANIMA LA FIESTA.

39

POR SUPUESTO, LOS BANCOS CENTRALES NO UTILIZAN **LITERALMENTE** HELICÓPTEROS Y BOMBAS DE SUCCIÓN.

¡LÁSTIMA!, PORQUE ESO SERÍA **IMPRESIONANTE**.

EN LUGAR DE ESO, ALTERAN LA OFERTA DE DINERO UTILIZANDO **OPERACIONES DE MERCADO ABIERTO**.

PARA ENTENDER ESTE CONCEPTO, OBSERVA PRIMERO QUE EL BANCO CENTRAL ESTÁ BÁSICAMENTE SENTADO SOBRE **UNA MONTAÑA DE DINERO EN EFECTIVO**...

¿DE DÓNDE HA SACADO **TODO** ESE DINERO?

¡SE LO DIRÍA, PERO ENTONCES TENDRÍA QUE MATARLE!

... Y TAMBIÉN SOBRE UNA MONTAÑA DE **ACTIVOS NO MONETARIOS**, COMO EL ORO O LOS **BONOS DEL ESTADO**.

LOS BONOS SON PAGARÉS.

PUEDES LEER MÁS SOBRE ELLOS EN EL GLOSARIO.

LAS OPERACIONES DE MERCADO ABIERTO SON **TRANSACCIONES** QUE SE REALIZAN CON ESAS PILAS DE DINERO Y DE ACTIVOS NO MONETARIOS.

¡ESAS TRANSACCIONES SON TAN GRANDES QUE AFECTAN A **TODA LA ECONOMÍA**!

LAS OPERACIONES DE MERCADO ABIERTO FUNCIONAN GRACIAS A **LA OFERTA Y LA DEMANDA**, EN ESTE CASO LA OFERTA Y LA DEMANDA DE DINERO.

¿QUÉ PARTE DE VUESTRA RIQUEZA QUERÉIS TENER A MANO COMO **DINERO EN EFECTIVO**...

... Y QUÉ PARTE QUERÉIS **INVERTIR**?

LA **DEMANDA DE DINERO** VIENE DETERMINADA POR EL **TIPO DE INTERÉS**, QUE SE PUEDE CONCEBIR COMO EL «PRECIO» DEL DINERO...

CON TIPOS DE INTERÉS **MÁS ALTOS**, LA GENTE QUIERE **TENER A MANO MENOS DINERO**.

CON TIPOS DE INTERÉS **MÁS BAJOS**, LA GENTE ESTÁ DISPUESTA A **RETENER MÁS DINERO**.

DEBERÁS DEPOSITAR TU DINERO EXTRA EN UNA CUENTA DE AHORRO QUE TE DÉ INTERESES.

Tipo de interés

CURVA DE DEMANDA

¡LOS TIPOS DE INTERÉS SON TAN BAJOS QUE ME DA IGUAL GUARDAR EL DINERO **DEBAJO DEL COLCHÓN**!

¡SERÍA UNA TONTERÍA GUARDARLO EN EL BOLSO!

Cantidad de dinero

... Y LA **OFERTA DE DINERO** VIENE DETERMINADA POR EL BANCO CENTRAL.

AHORA VEAMOS CÓMO EL **BANCO CENTRAL** ALTERA LA OFERTA DE DINERO...

... Y CÓMO ESO NOS DA EL CONTROL DE LOS **TIPOS DE INTERÉS**.

Tipo de interés

CURVA DE OFERTA

Cantidad de dinero

CUANDO EL BANCO CENTRAL QUIERE **ESTIMULAR** LA ECONOMÍA...

... UTILIZA SU PILA DE DINERO PARA **COMPRAR BONOS**.

YO TE DOY ESTE DINERO...

... SI TÚ ME DAS ESOS BONOS.

¡VALE!

EL RESULTADO DE ESAS OPERACIONES DE MERCADO ABIERTO ES QUE HAY **MÁS DINERO EN CIRCULACIÓN**.

LA OFERTA DE DINERO **SE INCREMENTA**.

Tipo de interés

ANTIGUA OFERTA

NUEVA OFERTA

Cantidad de dinero

UN INCREMENTO DE LA OFERTA DE DINERO **REDUCE LOS TIPOS DE INTERÉS**...

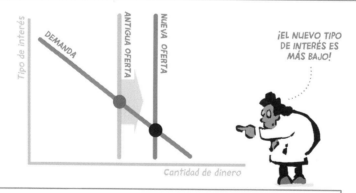

Tipo de interés

DEMANDA

ANTIGUA OFERTA

NUEVA OFERTA

Cantidad de dinero

¡EL NUEVO TIPO DE INTERÉS ES MÁS BAJO!

... Y ESO **ESTIMULA** LA ECONOMÍA AL FOMENTAR QUE HAYA **MÁS CRÉDITO** Y **MÁS GASTO**.

CREO QUE **AHORA** SÍ VOY A COMPRAR ESE NUEVO CAMIÓN-TIENDA.

CUANDO EL BANCO CENTRAL QUIERE _RELAJAR_ LA ECONOMÍA...

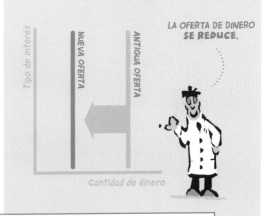

... _VENDE BONOS_ DE SU PILA DE ACTIVOS NO MONETARIOS.

YO TE DOY ESTOS BONOS...

... SI TÚ ME DAS ESE DINERO.

¡VALE!

EL RESULTADO DE ESAS OPERACIONES DE MERCADO ABIERTO ES QUE HAY **MENOS DINERO EN CIRCULACIÓN.**

LA OFERTA DE DINERO **SE REDUCE.**

Tipo de interés

NUEVA OFERTA

ANTIGUA OFERTA

Cantidad de dinero

UNA REDUCCIÓN DE LA OFERTA DE DINERO _AUMENTA LOS TIPOS DE INTERÉS_...

¡EL NUEVO TIPO DE INTERÉS ES MÁS ALTO!

Tipo de interés

DEMANDA

NUEVA OFERTA

ANTIGUA OFERTA

Cantidad de dinero

... Y ESO _CALMA_ LA ECONOMÍA AL FOMENTAR QUE HAYA _MENOS CRÉDITO_ Y _MENOS GASTO._

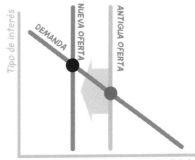

CREO QUE COMPRARÉ ESE NUEVO CAMIÓN-TIENDA **MÁS ADELANTE.**

PERO RECUERDA: TODOS ESTOS SON EFECTOS **A CORTO PLAZO**.

A CORTO PLAZO, MÁS DINERO PUEDE ACELERAR LAS COSAS...

... Y MENOS DINERO PUEDE RALENTIZARLAS.

A LARGO PLAZO, NO PUEDES HACERTE RICO IMPRIMIENDO DINERO...

... ¡SOLO PUEDES CONSEGUIR QUE HAYA **INFLACIÓN**!

CAPÍTULO 4
INFLACIÓN

DIME, DIME,
INFLACIÓN; DIME,
DIME, **DEFLACIÓN**...

¿SEREMOS COMO
ZIMBABUE, O MÁS
BIEN COMO **JAPÓN**?

LA INFLACIÓN ES UN **AUMENTO GENERALIZADO** DE LOS PRECIOS O, DE MANERA EQUIVALENTE, UN **DESCENSO GENERALIZADO** DEL **VALOR DEL DINERO** A LO LARGO DEL TIEMPO.

¡ACABO DE CAMBIAR LOS CUATRO NEUMÁTICOS POR SOLO 400 $!

TODAVÍA RECUERDO CUANDO PODÍAS COMPRARTE UN *COCHE ENTERO* CON 400 $.

LA FORMA MÁS COMÚN DE **MEDIR LA INFLACIÓN** ES MEDIANTE EL **ÍNDICE DE PRECIOS AL CONSUMO (IPC)**

EL IPC TOMA UNA **CESTA REPRESENTATIVA** DE BIENES Y SERVICIOS...

... Y EXAMINA CÓMO EL **PRECIO** DE ESE CONJUNTO **CAMBIA CON EL TIEMPO.**

UNA PASTILLA DE JABÓN, UNA TIENDA DE CAMPAÑA, UNA CHOCOLATINA Y TRES MESES DE ALQUILER...

... ¡ESAS SON ALGUNAS DE MIS COSAS FAVORITAS!

POR EJEMPLO: IMAGINEMOS QUE **EN 1920** ESE LOTE **COSTABA 10 $**...

PÓNGAME UNA PASTILLA DE JABÓN, UNA TIENDA DE CAMPAÑA, UNA CHOCOLATINA Y TRES MESES DE ALQUILER...

SERÁN 10 $.

... Y QUE **EN 2012 CUESTA 1.000 $**

PÓNGAME UNA PASTILLA DE JABÓN, UNA TIENDA DE CAMPAÑA, UNA CHOCOLATINA Y TRES MESES DE ALQUILER...

SERÁN 1.000 $.

... ENTONCES DIRÍAMOS QUE **EN 2012 EL NIVEL DE PRECIOS** ES DE **100 VECES** EL DE **1920**.

LOS ECONOMISTAS QUE CALCULAN LA INFLACIÓN SE ENCUENTRAN CON UN MONTÓN DE DIFICULTADES...

¿QUÉ HACEMOS CUANDO LOS CONSUMIDORES EMPIEZAN A COMPRAR **TELÉFONOS MÓVILES**...

... Y DEJAN DE COMPRAR **APARATOS DE RADIO**?

... PERO LA IDEA BÁSICA ES SENCILLA:

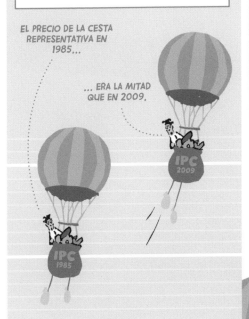

SI DECIMOS, POR EJEMPLO, QUE EL IPC SE **DUPLICÓ** ENTRE 1985 Y 2009...

EL PRECIO DE LA CESTA REPRESENTATIVA EN 1985...

... ERA LA MITAD QUE EN 2009.

... ESO SIGNIFICA QUE, **COMO MEDIA**, EN 2009 LOS PRECIOS ERAN EL DOBLE DE LOS DE 1985.

SI EN 1985 UNA MANZANA COSTABA EL EQUIVALENTE A 0,50 $...

... LO MÁS PROBABLE ES QUE EN 2009 COSTARA 1 $.

UNA DUPLICACIÓN DE LOS PRECIOS EN 24 AÑOS PARECE INDICAR UNA TREMENDA INFLACIÓN...

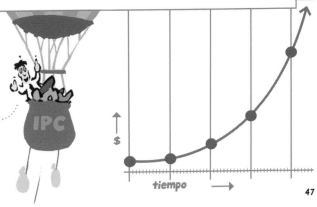

... PERO EN REALIDAD REPRESENTA UNA MEDIA APROXIMADA DE SOLO UN **3% ANUAL**.

LA **REGLA DEL 70** DICE QUE, CON UNA INFLACIÓN DEL 3% ANUAL, LOS PRECIOS SE DUPLICARÁN APROXIMADAMENTE EN 70/3 ≈ 24 AÑOS

$ \\
tiempo →

LA **PREGUNTA FÁCIL** SOBRE LA INFLACIÓN ES **POR QUÉ SE PRODUCE.**

CITANDO A **MILTON FRIEDMAN**, LA INFLACIÓN ES «SIEMPRE Y EN TODAS PARTES UN **FENÓMENO MONETARIO**».

CUANDO EL ESTADO IMPRIME **DEMASIADO DINERO...**

... EL VALOR DEL DINERO **BAJA.**

¡ENHORABUENA! ¡HA GANADO EL **PREMIO NOBEL!**

LA **PREGUNTA DIFÍCIL** SOBRE LA INFLACIÓN ES **POR QUÉ ES IMPORTANTE.**

¡PARAD LA INFLACIÓN YA!

¡LA INFLACIÓN ES EL **ENEMIGO PÚBLICO NÚMERO UNO!**

ENTONCES, ¿QUE SOY YO? ¿UN PRINGADO?

ESTA ES UNA PREGUNTA DIFÍCIL PORQUE LOS ECONOMISTAS PIENSAN QUE **EL DINERO ES NEUTRAL** A LARGO PLAZO.

SI TODOS LOS PRECIOS SUBEN AL MISMO RITMO, NADA **REAL** CAMBIA.

DE HECHO, MUCHOS ECONOMISTAS CREEN QUE LA OPINIÓN PÚBLICA EN GENERAL SUFRE DE **ILUSIÓN MONETARIA.**

CUÉNTEME POR QUÉ ESTÁ ENFADADO.

LOS PRECIOS SUBEN...

... ¡Y TODO CUESTA UN 10% **MÁS** QUE EL AÑO PASADO!

SÍ, PERO ESE **TODO** INCLUYE EL **PRECIO DEL TRABAJO**...

... DE MODO QUE SUS SALARIOS TAMBIÉN SUBEN.

¡NO, QUÉ VA!

¡UN MOMENTO! ¿NO TUVO UN **AUMENTO DEL 10%** EL AÑO PASADO?

SÍ, PERO ESO ES **DISTINTO**...

... ¡ME GANÉ ESE AUMENTO!

¡ESTE ES UN CASO CLÁSICO DE **ILUSIÓN MONETARIA**!

VOY A RECETARLE UN POCO DE **NEUTRALINA**.

LA ILUSIÓN MONETARIA OCURRE CUANDO LA GENTE PIENSA EN **TÉRMINOS NOMINALES**...

¿110 $ POR LA SESIÓN?

¡EL AÑO PASADO ME COSTÓ SOLO 100 $!

... EN LUGAR DE HACERLO EN **TÉRMINOS REALES.**

¡BUF!... ME PARECE QUE VOY A TENER QUE **AUMENTAR LA DOSIS.**

LA ILUSIÓN MONETARIA MUESTRA POR QUÉ LA INFLACIÓN ES IMPORTANTE EN EL MUNDO REAL: PORQUE PUEDE CAUSAR **CONFUSIÓN E INESTABILIDAD.**

SERÍA MÁS FÁCIL SI LOS PRECIOS SIMPLEMENTE **SE ESTUVIERAN QUIETOS.**

IPC

PARA EVITAR SUFRIR DE ILUSIÓN MONETARIA,
LOS ECONOMISTAS ESTUDIAN CÓMO CAMBIAN LOS
PRECIOS **EN TÉRMINOS REALES.**

LOS PRECIOS **REALES**
ESTÁN **AJUSTADOS**
A LA INFLACIÓN.

NOS MUESTRAN CÓMO HA
CAMBIADO EL PRECIO DE ALGO
EN RELACIÓN CON EL
NIVEL DE VIDA GENERAL.

POR EJEMPLO: IMAGINEMOS QUE EN **1920**
EL PRECIO DE LA LECHE ERA DE 0,01 $ EL LITRO...

... Y QUE EN **2012** ES DE 0,80 $ EL LITRO.

SERÁN 0,01 $
POR LITRO

SERÁN
0,80 $.

BASÁNDOSE EN ESTA COMPARACIÓN DE **PRECIOS NOMINALES**,
PARECE QUE LA LECHE ES MUCHÍSIMO MÁS CARA.

¿A CASI 1 $
EL LITRO?

¡CUANDO YO ERA NIÑO
LA LECHE NO LLEGABA
A 0,01 $ **EL LITRO!**

PERO SI LO **AJUSTAMOS A LA INFLACIÓN** QUE ANTES CALCULÁBAMOS PARA EL PERÍODO ENTRE 1920 Y 2012...

EN 1920 LA LECHE COSTABA **0,01 $ EL LITRO**.

PERO EL IPC DICE QUE EN 2012 LOS PRECIOS MEDIOS SON **CIEN VECES** LOS DE 1920...

... DE MODO QUE, **EN DÓLARES ACTUALES**, ¡EL PRECIO DE LA LECHE EN 1920 ERA DE APROXIMADAMENTE **1 $ EL LITRO**!

... VEMOS QUE, EN LA PRÁCTICA, **EL PRECIO REAL DE LA LECHE HA BAJADO**.

LO QUE ESO SIGNIFICA ES QUE LOS PRECIOS DE LA MAYORÍA DE LAS OTRAS COSAS HAN **SUBIDO MÁS QUE EL DE LA LECHE**.

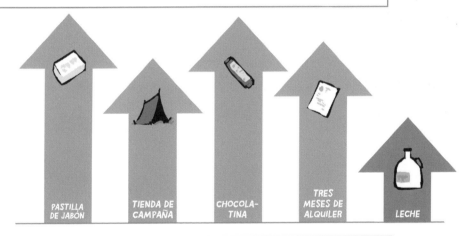

PASTILLA DE JABÓN

TIENDA DE CAMPAÑA

CHOCOLA- TINA

TRES MESES DE ALQUILER

LECHE

TAMBIÉN PUEDES ENTENDERLO DE UNA **MANERA INTUITIVA** CONCIBIENDO LOS PRECIOS EN TÉRMINOS DE **HORAS DE TRABAJO**.

DECIR QUE EL **PRECIO REAL DE LA LECHE HA BAJADO**...

... ES COMO DECIR QUE NECESITO **MENOS HORAS DE TRABAJO** PARA GANAR LO NECESARIO PARA COMPRAR UN LITRO DE LECHE.

LECHE

SALARIO/ HORA

LOS ECONOMISTAS TAMBIÉN AJUSTAN LOS **TIPOS DE INTERÉS** EN FUNCIÓN DE LA INFLACIÓN.

DE LO CONTRARIO NO PODRÍAMOS COMPARAR ADECUADAMENTE EL **DINERO DE HOY**...

... CON EL **DINERO DE MAÑANA**.

EL **TIPO DE INTERÉS NOMINAL** TE INDICA LA TASA DE INCREMENTO DEL DINERO EN EL BANCO...

... PERO TU **PODER ADQUISITIVO** —TU CAPACIDAD PARA **COMPRAR COSAS**— AUMENTA MÁS DESPACIO DEBIDO A LA INFLACIÓN.

¡VAYA! ¡MI **DINERO AUMENTA CON RAPIDEZ!**

TAMBIÉN LOS **PRECIOS** SUBEN, DE MODO QUE TU DINERO NO VALE TANTO...

... Y POR ESO NECESITAMOS **AJUSTARLO A LA INFLACIÓN.**

EL **TIPO DE INTERÉS REAL** TE INDICA CUÁNTO AUMENTA TU **PODER ADQUISITIVO.**

HAY UNA **REGLA PRÁCTICA** QUE RELACIONA LOS TIPOS DE INTERÉS **NOMINAL** Y **REAL**.

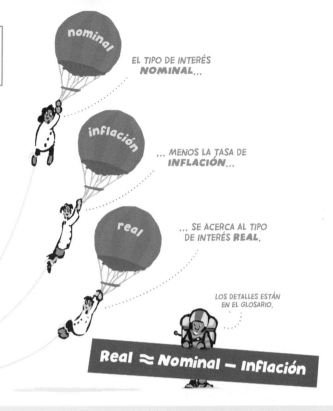

EL TIPO DE INTERÉS **NOMINAL**...

... MENOS LA TASA DE **INFLACIÓN**...

... SE ACERCA AL TIPO DE INTERÉS **REAL**.

LOS DETALLES ESTÁN EN EL GLOSARIO.

Real ≈ Nominal − Inflación

POR EJEMPLO, SI EL TIPO DE INTERÉS NOMINAL ES DEL **5%**...

... Y LA INFLACIÓN ES DEL **3%**...

... EL TIPO DE INTERÉS REAL SERÁ APROXIMADAMENTE DEL **2%**.

SI DEPOSITO 100 $ EN EL BANCO...

... EN UN AÑO TENDRÁ UN 5% MÁS DE DINERO...

... PERO CADA AÑO **LOS PRECIOS SUBEN** UN 3%.

SI DEPOSITO 100 $ EN EL BANCO...

... EN UN AÑO TENDRÁ UN 2% MÁS DE PODER ADQUISITIVO.

COMO OCURRE CON LOS PRECIOS, NORMALMENTE LOS TIPOS DE INTERÉS SE EXPRESAN EN TÉRMINOS **NOMINALES**...

... PERO ES EL TIPO DE INTERÉS **REAL** EL QUE **IMPULSA LAS DECISIONES ECONÓMICAS.**

¡ABRA UNA CUENTA BANCARIA Y OBTENGA UN 5% DE INTERÉS!

PRIMERO TENGO QUE PENSAR EN LA INFLACIÓN Y EN EL TIPO DE INTERÉS REAL.

EL DINERO NO IMPORTA...

... LO QUE IMPORTA ES EL **PODER ADQUISITIVO.**

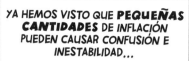

YA HEMOS VISTO QUE **PEQUEÑAS CANTIDADES** DE INFLACIÓN PUEDEN CAUSAR CONFUSIÓN E INESTABILIDAD...

¡LA NEUTRALINA NO FUNCIONA!

... PERO **GRANDES CANTIDADES** PUEDEN PROVOCAR DAÑOS GRAVES A ECONOMÍAS ENTERAS.

UN BUEN EJEMPLO RECIENTE ES EL CASO DE ZIMBABUE, QUE A PRINCIPIOS DEL SIGLO XXI EXPERIMENTÓ UNA **HIPERINFLACIÓN**.

IMPRIMIMOS TANTO DINERO QUE EN JULIO DE 2008 UNA BOTELLA DE CERVEZA COSTABA 100.000 **MILLONES DE DÓLARES ZIMBABUENSES**.

AQUÍ HAY 120.000 **MILLONES**...

... QUÉDESE CON EL CAMBIO.

PERO INCLUSO UNA INFLACIÓN MÁS MODERADA —COMO EL **13 %** QUE EXPERIMENTÓ ESTADOS UNIDOS EN 1979— ENTRAÑA UN RIESGO, DADO QUE PUEDE GENERAR UNA **ESPIRAL DE SALARIOS-PRECIOS**.

LOS PRECIOS DE LOS BIENES DE CONSUMO COMO LA LECHE ESTÁN SUBIENDO...

... ¡ENTONCES NECESITO UN AUMENTO!

LOS PRECIOS DEL TRABAJO Y DEL PIENSO ESTÁN SUBIENDO...

... ¡ENTONCES TENGO QUE COBRAR MÁS POR LA LECHE!

EN GENERAL, LOS ECONOMISTAS COINCIDEN EN QUE CUALQUIER INFLACIÓN QUE SE ACERQUE A CIFRAS DE **DOS DÍGITOS** ES PROBLEMÁTICA.

¡LOS PRECIOS ESTÁN SUBIENDO TAN RÁPIDO QUE ME DA VUELTAS LA CABEZA!

PERO LA INFLACIÓN NO ES EL ÚNICO PROBLEMA RELACIONADO CON **EL NIVEL DE PRECIOS**.

ESTÁ TAMBIÉN LA **DEFLACIÓN**, UN **DESCENSO** GENERAL DE LOS PRECIOS A LO LARGO DEL TIEMPO.

EL AÑO PASADO ESTA CASA SE VENDIÓ POR **200.000 $**,

AHORA CUESTA SOLO **100.000 $**.

¡QUIZÁ DEBERÍAMOS ESPERAR **AL AÑO QUE VIENE!**

LOS PERÍODOS DEFLACIONARIOS COMO LA **GRAN DEPRESIÓN** Y LAS «**DÉCADAS PERDIDAS**» DE JAPÓN A FINALES DEL SIGLO XX Y PRINCIPIOS DEL XXI...

¡LOS PRECIOS ESTÁN CAYENDO!

¡ESTAMOS PERDIENDO LAS CONSTANTES VITALES!

¡QUE ALGUIEN ME TRAIGA UNA POLÍTICA MONETARIA, YA!

LO SIENTO, DOCTOR, NO HAY RESPUESTA.

... PROBABLEMENTE SON AÚN **MÁS PELIGROSOS** QUE LOS PERÍODOS INFLACIONARIOS.

UNA DE LAS FORMAS EN QUE LA DEFLACIÓN PUEDE ASFIXIAR LA ECONOMÍA...

... ES INCREMENTANDO LAS CARGAS DE DEUDA EN TÉRMINOS **REALES**.

PEDÍ PRESTADA **UNA TONELADA DE DINERO** PARA COMPRAR ESTE COCHE...

... ¡Y AHORA EL PRÉSTAMO PARECE PESAR **DOS TONELADAS!**

DADO QUE TANTO UNA INFLACIÓN ELEVADA COMO UNA DEFLACIÓN SON **MALAS**, LOS GESTORES DE LA POLÍTICA MONETARIA HAN DE TENER **MUCHO CUIDADO**.

ME PARECE QUE VAMOS A PASAR POR LOS PELOS.

¡UN ERROR POR CUALQUIERA DE LOS DOS LADOS PODRÍA PRODUCIR INESTABILIDAD A CORTO PLAZO!

LA MAYORÍA DE LOS ECONOMISTAS CREEN QUE EL MEJOR OBJETIVO ES UNA **INFLACIÓN DEL 2-3 % ANUAL**.

UN POQUITO DE INFLACIÓN AYUDA A **PROTEGERSE CONTRA LA DEFLACIÓN**.

¡UNA VEZ QUEDAS ATRAPADO EN ELLA, RESULTA DIFÍCIL SALIR!

IPC

ASPIRAR A UNA INFLACIÓN DEL 2-3% ANUAL TAMBIÉN PUEDE SUPONER VENTAJAS A LA HORA DE ABORDAR EL **PARO** CAUSADO POR LOS **SALARIOS** **«PEGAJOSOS» O RÍGIDOS.**

YA LO HEMOS VISTO EN LA PÁGINA 28.

DURANTE UNA RECESIÓN, LOS SALARIOS PUEDEN **QUEDARSE ATASCADOS** A NIVELES QUE SON **DEMASIADO ALTOS**...

¡MALDITA SEA, YA SE HA VUELTO A ATASCAR!

... Y UNA PEQUEÑA CANTIDAD DE INFLACIÓN PUEDE AYUDAR A **NIVELAR** LA OFERTA Y LA DEMANDA.

¡BUM!

¡AH, ESO ESTÁ MEJOR!

POR EJEMPLO, A LOS TRABAJADORES QUE SON **PSICOLÓGICAMENTE REACIOS A LOS RECORTES SALARIALES**...

DÍGAME, ¿POR QUÉ ENVENENÓ EL CAFÉ DE SU JEFE?

¡EL MUY ESTÚPIDO QUERÍA **RECORTARME EL SUELDO UN 2%**!

... NO PARECE IMPORTARLES QUE SUS SUELDOS AUMENTEN UN 1% PERO LA INFLACIÓN SEA DEL 3%.

¡HUM!, YA SABE QUE EN LA PRÁCTICA LE ESTÁN **RECORTANDO EL SUELDO** UN 2%, ¿VERDAD?

¿Y QUÉ QUIERE QUE LE DIGA? ¡ESTOY ENCANTADA DE LA VIDA!

EN RESUMIDAS CUENTAS,
LOS ECONOMISTAS VEN LA
INFLACIÓN COMO LOS
MÉDICOS VEN EL **ALCOHOL**:

CHAMPAGNE
Château de Greenspan
2002
¡Atención!: ¡Puede causar exuberancia irracional!

CABERNET SAUVIGNON
1972
Reserva Federal

UN POQUITO PUEDE RESULTAR BENEFICIOSO...

¡ES CIERTO!

¡UNA **PEQUEÑA CANTIDAD** DIARIA DE ALCOHOL PARECE SER BUENA PARA LOS ADULTOS!

UN SABOR EXQUISITAMENTE EQUILIBRADO, CON MATICES DE PÉTALOS DE ROSA Y FRAMBUESAS.

¡RECUÉRDALO!: ¡ES UNA **PEQUEÑA CANTIDAD** PARA LOS **ADULTOS**!

... PERO EN GRANDES CANTIDADES ES MALO, MUY MALO.

ESE **POQUITO** PUEDE DERIVAR FÁCILMENTE EN UNA ESPIRAL DESCONTROLADA.

¡ESTE CHAMPÁN ES **ADICTIVO**!

¡SSSOLO UN BOCO BAS, BOR FAVOR!

CAPÍTULO 5
PRODUCTO INTERIOR BRUTO
(PIB)

¿QUÉ DIFERENCIA HAY ENTRE LA POTENCIA ECONÓMICA DE **ESPAÑA**...

... EN COMPARACIÓN, POR EJEMPLO, CON LA DE **BRASIL**?

SI QUIERES MEDIR LA **POTENCIA ECONÓMICA** DE UN PAÍS...

... UN BUEN PUNTO DE PARTIDA ES EL **PRODUCTO INTERIOR BRUTO.**

SERÍA COMO MEDIR LA **POTENCIA EN CABALLOS** DE TODO UN PAÍS.

EN ESTE CAPÍTULO VEREMOS CÓMO EL PIB AYUDA A EXPLICAR LA **INESTABILIDAD A CORTO PLAZO**...

ESTA ECONOMÍA, ¿VA A TODA VELOCIDAD...

...O SE DESMORONA?

... Y EL **CRECIMIENTO A LARGO PLAZO**.

¿SEGUIRÁ ESTA ECONOMÍA CORRIENDO, CORRIENDO...

... CORRIENDO Y CORRIENDO?

PERO PRIMERO VEAMOS CÓMO **SE CALCULA EL PIB**.

HAY **TRES ENFOQUES**...

... QUE SON TRES FORMAS IGUALMENTE VÁLIDAS...

... DE MEDIR LA POTENCIA ECONÓMICA.

valor añadido

renta nacional

gasto

POTENCIA ECONÓMICA

EL ENFOQUE DEL **VALOR AÑADIDO**

AL IGUAL QUE PODEMOS MEDIR EL **VALOR AÑADIDO** CADA AÑO A LA ECONOMÍA DE MERCADO POR EL TRABAJO Y EL CAPITAL DE UNA **EMPRESA**...

EL AÑO PASADO GASTAMOS **200.000 $** EN HARINA, QUESO, TOMATES Y ELECTRICIDAD...

... Y PRODUJIMOS PIZZA POR VALOR DE **500.000 $**...

... ¡DE MODO QUE EL **VALOR AÑADIDO** DE NUESTRA EMPRESA FUE DE **300.000 $!**

... EL **PIB** MIDE EL **VALOR AÑADIDO** A LA ECONOMÍA DE MERCADO POR EL TRABAJO Y EL CAPITAL DE **TODO UN PAÍS**.

EL AÑO PASADO GASTAMOS **200.000 $ MILLONES** EN **IMPORTACIONES**...

... Y PRODUJIMOS **BIENES Y SERVICIOS FINALES** POR VALOR DE **500.000 $ MILLONES**...

... DE MODO QUE EL **VALOR AÑADIDO** DE NUESTRO PAÍS FUE DE **300.000 $ MILLONES**.

EL ENFOQUE DEL VALOR AÑADIDO ES LA FORMA **MÁS INTUITIVA** DE CONCEBIR EL PIB.

PIB = Productos finales − Importa-ciones

EL ENFOQUE DE LA **RENTA NACIONAL**

CADA DÓLAR DE VALOR AÑADIDO **TERMINA EN EL BOLSILLO DE ALGUIEN** DEL PAÍS, DE MODO QUE EL PIB TAMBIÉN MIDE LA **RENTA NACIONAL**.

NUESTRO **VALOR AÑADIDO TOTAL** DE 300.000 $ MILLONES...

... INCLUYE UNA **RENTA DEL TRABAJO** DE 200.000 $ MILLONES...

... Y UNA **RENTA DEL CAPITAL** DE 100.000 $ MILLONES.

EL ENFOQUE DE LA RENTA NACIONAL EQUIVALE A SEGUIR EL **RASTRO DEL DINERO**.

PIB = Renta del trabajo + Renta del capital

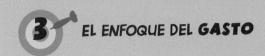

EL ENFOQUE DEL **GASTO**

PARA VER CÓMO SE RELACIONA EL **PIB** CON EL **GASTO**, EMPECEMOS POR EL ENFOQUE DEL VALOR AÑADIDO...

$$\text{PIB} = \text{Productos finales} - \text{Importaciones}$$

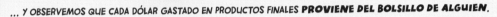

... Y OBSERVEMOS QUE CADA DÓLAR GASTADO EN PRODUCTOS FINALES **PROVIENE DEL BOLSILLO DE ALGUIEN.**

DE LOS **CONSUMIDORES**

DE LOS **INVERSORES COMERCIALES**

DEL **ESTADO**

O DEL **EXTRANJERO**

C   **I**   **E**   Exporta-ciones

ESTA ES LA **FORMA MÁS COMÚN** DE CALCULAR EL PIB

$$\text{PIB} = \overbrace{\text{C} + \text{I} + \text{E} + \text{Exportaciones}}^{\text{Productos finales}} - \text{Importaciones}$$

APLICAR ESTAS FÓRMULAS NO ES FÁCIL, DE AHÍ QUE **RICHARD STONE** Y **SIMON KUZNETS** GANARAN SENDOS PREMIOS NOBEL POR RESOLVER TODAS SUS COMPLEJIDADES.

ZZZZZZZZZZZ...

¡HEMOS DESCUBIERTO UNA CURA PARA EL INSOMNIO!

¡ENHORABUENA! ¡HAN GANADO EL **PREMIO NOBEL!**

INDEPENDIENTEMENTE DE CÓMO SE MIDA, EL **PIB** PROPORCIONA A LOS MACROECONOMISTAS UN MODO DE **CONTAR COSAS** SOBRE EL **CONJUNTO DE UNA ECONOMÍA.**

¡MAMÁ, CUÉNTAME UNA HISTORIA!

5,8 BILLONES DE DÓLARES...

8,4 BILLONES DE DÓLARES...

10,2 BILLONES DE DÓLARES...

EL PIB ARROJA LUZ SOBRE MUCHAS COSAS, DESDE LA **ATENCIÓN SANITARIA...**

EL GASTO EN ATENCIÓN SANITARIA EN 2008 FUE DE SOLO EL **8% DEL PIB EN FINLANDIA...**

... PERO DEL **16% DEL PIB EN ESTADOS UNIDOS...**

... Y ESTÁ AUMENTANDO CON RAPIDEZ EN TODAS PARTES.

... HASTA EL **TAMAÑO DEL ESTADO...**

EN ESTADOS UNIDOS, LAS ADMINISTRACIONES FEDERAL, ESTATAL Y LOCAL REPRESENTARON ALREDEDOR DEL **35% DEL PIB.**

... PASANDO POR LA **DEUDA NACIONAL.**

DURANTE LA SEGUNDA GUERRA MUNDIAL, LA DEUDA NACIONAL ESTADOUNIDENSE SE DISPARÓ HASTA **SUPERAR EL 100% DEL PIB.**

LUEGO SE MANTUVO BASTANTE CONSTANTE EN EL **30-60% DEL PIB** DURANTE CINCUENTA AÑOS.

Y DESDE LA CRISIS FINANCIERA DE 2008 ESTÁ SUBIENDO DE NUEVO **HACIA EL 100%.**

¡NO ES DE EXTRAÑAR QUE EL PIB SEA EL **DATO ESTADÍSTICO MÁS IMPORTANTE** EN MACROECONOMÍA!

HAY TAMBIÉN **DOS VARIANTES** DEL PIB QUE NOS AYUDAN A CONTAR LA HISTORIA DE UNA ECONOMÍA,

EL PIB REAL,
AJUSTADO A LA INFLACIÓN.

EL PIB NOMINAL DE ZIMBABUE ES DE **100 BILLONES DE DÓLARES**, Y AUMENTA CON RAPIDEZ...

...PERO CUANDO LO AJUSTAMOS A LA INFLACIÓN, VEMOS QUE SU **PIB REAL HA ESTADO BAJANDO**.

EL PIB REAL PER CÁPITA,
AJUSTADO A LA INFLACIÓN Y A LA POBLACIÓN.

EL **PIB REAL** DE CHINA ES MUCHO MAYOR QUE EL DE SUIZA...

...PERO CUANDO SE MIDE EL PIB **POR PERSONA**, EL DE SUIZA ES MUCHO MAYOR.

LA MEJOR FORMA DE SABER CUÁN **ESTABLE** ES UNA ECONOMÍA **A CORTO PLAZO**...

... ES EXAMINAR SU **PIB REAL**.

EL PIB REAL SE AJUSTA A LA INFLACIÓN...

... PORQUE NO QUEREMOS CONFUNDIR EL **AUMENTO DE PRECIOS**...

... CON EL VERDADERO **CRECIMIENTO ECONÓMICO**.

LOS ECONOMISTAS PODRÍAN AJUSTAR EL PIB A LA INFLACIÓN UTILIZANDO EL **ÍNDICE DE PRECIOS AL CONSUMO**...

... PERO EN LA PRÁCTICA UTILIZAN OTRA MEDIDA RELACIONADA LLAMADA **DEFLACTOR DEL PIB**.

VÉASE LA PÁGINA 46.

IPC

VÉANSE LOS DETALLES EN EL GLOSARIO.

UNA VEZ AJUSTADO EL PIB A LA INFLACIÓN, LAS **RECESIONES** APARECEN COMO **DESCENSOS DEL PIB REAL**...

... Y LAS **DEPRESIONES** APARECEN COMO **DESCENSOS PROFUNDOS Y PROLONGADOS DEL PIB REAL**.

DESDE LA GRAN DEPRESIÓN, LA ECONOMÍA ESTADOUNIDENSE HA PASADO POR LOS ALTIBAJOS DEL **CICLO ECONÓMICO** ALREDEDOR DE UNA DOCENA DE VECES.

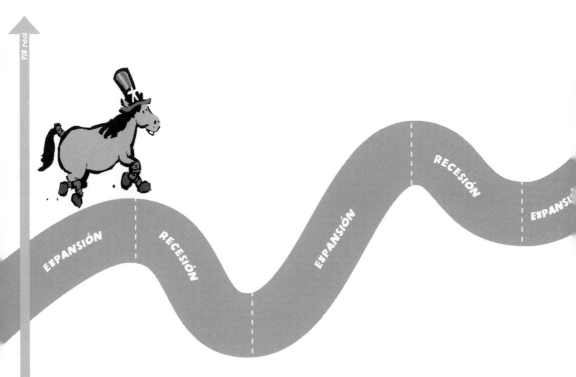

LA MEJOR FORMA DE SABER SI UNA ECONOMÍA ESTÁ **CRECIENDO A LARGO PLAZO...**

... ES EXAMINAR SU **PIB REAL PER CÁPITA.**

LO AJUSTAMOS A LA INFLACIÓN **Y A LA POBLACIÓN...**

... DE MODO QUE PODAMOS HACERNOS UNA IDEA DEL NIVEL DE VIDA DEL **CIUDADANO MEDIO.**

POR EJEMPLO, HE AQUÍ UNA BREVE HISTORIA ECONÓMICA DEL **JAPÓN DE LA POSGUERRA.**

DESPUÉS DE LA SEGUNDA GUERRA MUNDIAL, LA ECONOMÍA JAPONESA QUEDÓ DEVASTADA.

ES DIFÍCIL CREAR VALOR AÑADIDO CUANDO TODO ESTÁ EN RUINAS.

LUEGO EL PIB REAL PER CÁPITA CRECIÓ UN ASOMBROSO **6% ANUAL** ENTRE 1950 Y 1991...

EL VALOR AÑADIDO POR PERSONA SE DUPLICÓ CADA 12 AÑOS...

... ¡DURANTE MÁS DE CUATRO DÉCADAS!

... Y LUEGO PASÓ A CRECER **MENOS DEL 1% ANUAL** DURANTE LAS «DÉCADAS PERDIDAS» DE 1990 Y 2000.

LA MALA NOTICIA ES QUE EL NIVEL DE VIDA **APENAS VARÍA.**

LA BUENA ES QUE EL PIB REAL PER CÁPITA JAPONÉS SIGUE ESTANDO ENTRE **LOS MÁS ALTOS DEL MUNDO.**

AÚN MÁS FASCINANTE RESULTA LA HISTORIA DE **CHINA**, QUE EN EL **SIGLO XIV** TENÍA EL PIB REAL PER CÁPITA MÁS ALTO DEL MUNDO.

¿QUÉ ES ESA **GRAN BRETAÑA** DE LA QUE HABLAS?

¡BAH! NO ES MÁS QUE UN MONTÓN DE **PIEDRAS** EN EL OCÉANO OCCIDENTAL.

SIN EMBARGO, DURANTE LOS 600 AÑOS SIGUIENTES EL PIB REAL PER CÁPITA **SE DISPARÓ EN EUROPA**...

HAGAMOS UN **RENACIMIENTO**...

... ¡Y HAGAMOS UNA **REVOLUCIÓN INDUSTRIAL**!

... Y **SE ESTANCÓ EN CHINA**.

ENTERRÉMONOS EN **BUROCRACIA**...

... ¡Y LUEGO HAGAMOS UNA **REVOLUCIÓN CULTURAL**!

LUEGO LLEGARON LAS **REFORMAS ECONÓMICAS** DE 1978...

¡VIVA EL **CAPITALISMO**!

SE SUPONE QUE LO LLAMAMOS **SOCIALISMO CON CARACTERÍSTICAS CHINAS.**

... Y DESDE ENTONCES EL PIB REAL PER CÁPITA EN CHINA NO HA DEJADO DE **RECUPERARSE.**

EMPEZAMOS MUY RETRASADOS...

... ¡PERO NOS ESTAMOS PONIENDO AL DÍA MUY DEPRISA!

1980
5 % DE
EE.UU.

2010
20 % DE
EE.UU.

2040
¿50 % DE
EE.UU.?

DESDE LUEGO, **CONTAR COSAS CON NÚMEROS** NO SIEMPRE ES FÁCIL, Y EL PIB TIENE UN MONTÓN DE **CARENCIAS**.

5,8 BILLONES ...

8,4 BILLONES ...

10,2 BILLONES ...

¡NO ME GUSTA ESTA HISTORIA!

LA CUENTAS **MAL**.

UN PROBLEMA ES QUE EL PIB SE CENTRA EN LA **ECONOMÍA DE MERCADO**, LO QUE SIGNIFICA QUE IGNORA LAS **CUESTIONES AJENAS AL ÁMBITO DEL MERCADO**...

... COMO EL **TRABAJO DOMÉSTICO** NO REMUNERADO...

... Y LA **CALIDAD DEL MEDIO AMBIENTE**.

SUSPIRO

SUSPIRO... ¡COF, COF!

OTRO PROBLEMA IMPORTANTE ES QUE EL PIB NO NOS DICE NADA ACERCA DE LA **DISTRIBUCIÓN** DE LA POTENCIA ECONÓMICA.

EL CRECIMIENTO ECONÓMICO DE CHINA HA CREADO UNA ENORME BRECHA ENTRE **RICOS Y POBRES**...

EN 2005, ALREDEDOR DEL 36 % DE LA POBLACIÓN VIVÍA CON MENOS DE 2 $ AL DÍA.

... Y EN ESTADOS UNIDOS, LA «GRAN RECESIÓN» DE 2007-2009 DIO PASAO A UNA **RECUPERACIÓN SIN EMPLEO**.

EN 2009, EL PIB REAL FINALMENTE EMPEZÓ A AUMENTAR DE NUEVO...

... PERO SEGUÍA HABIENDO **UN MONTÓN DE PARO**.

POR SUPUESTO, LOS MACROECONOMISTAS SON CONSCIENTES DE LAS **LIMITACIONES** DEL PIB.

«EL BIENESTAR DE UNA NACIÓN APENAS PUEDE INFERIRSE DE UN INDICADOR DE LA **RENTA NACIONAL**.»

EN LOS PAÍSES POBRES, EL **ÍNDICE DE DESARROLLO HUMANO** PUEDE SER UNA MEJOR ALTERNATIVA...

ESTE INCLUYE EL PIB, PERO TAMBIÉN LA **ESPERANZA DE VIDA**...

... Y LAS **TASAS DE ALFABETIZACIÓN**.

... Y EN LOS PAÍSES RICOS, ALGUNOS ECONOMISTAS ESTÁN CUESTIONANDO LA RELACIÓN ENTRE **PIB** Y **CALIDAD DE VIDA**.

EL PIB REAL PER CÁPITA EN ESTADOS UNIDOS **SE DUPLICÓ** ENTRE 1941 Y 1971...

... Y SE DUPLICÓ **DE NUEVO** ENTRE 1971 Y 2008...

... PERO ¿REALMENTE LA VIDA DE LOS ESTADOUNIDENSES **HA MEJORADO EN ESA PROPORCIÓN**?

EN AMBOS CASOS, LA CUESTIÓN SUBYACENTE ES QUE LA **POTENCIA ECONÓMICA** ES UN INDICADOR INCOMPLETO DE LA **SITUACIÓN HUMANA**.

¡PODRÍAMOS **INCREMENTAR ENORMEMENTE EL PIB** OBLIGANDO A TODO EL MUNDO A TRABAJAR **OCHENTA HORAS SEMANALES EN FÁBRICAS CONTAMINANTES**!

¡HUM! ¡NO, GRACIAS!

EN RESUMEN, **EL PIB NO ES PERFECTO**...

FERMÍN, ¿SABÍAS QUE EL PIB ES UN **INDICADOR IMPERFECTO** DEL **BIENESTAR SOCIAL**?

NO, SEÑOR, NO TENÍA **NI IDEA.**

... PERO NOS PROPORCIONA UNA **VISIÓN NUMÉRICA** DE LA ECONOMÍA DE UN PAÍS...

EL **PIB REAL** ES MEJOR **A CORTO PLAZO.**

EL **PIB REAL PER CÁPITA** ES MEJOR **A LARGO PLAZO.**

... Y A VECES **UN NÚMERO** VALE MÁS QUE **MIL VIÑETAS.**

EN 2010, EL PIB REAL PER CÁPITA DE **CHINA** FUE DE UNOS **9.000 DÓLARES**...

... MIENTRAS QUE EL DE LA **INDIA** FUE DE **4.000 DÓLARES**...

... ¡Y EL DE **ESTADOS UNIDOS** FUE DE **45.000 DÓLARES!**

Todos los valores se expresan en términos de paridad de poder adquisitivo; encontrarás más información en el glosario.

CAPÍTULO 6
EL PAPEL DEL ESTADO

ESPERA UN MOMENTO...

... ¡FALTA **EL QUE CORTA EL BACALAO!**

SI LA MACROECONOMÍA ES **COMO UNA FAMILIA**...

... ENTONCES CABE PENSAR EN EL **ESTADO** COMO EN UN **PADRE** O UNA **MADRE**...

¿QUIÉN ES EL RESPONSABLE AQUÍ?

¡HUM! SUPONGO QUE YO.

... PARA **BIEN**...

¡DESPUÉS DE REPASAR LOS DEBERES IREMOS A COMPRAR UN **HELADO**!

... O PARA **MAL**.

¡QUIERO UN HELADO!

¡QUÉ LÁSTIMA!, NOSOTROS VAMOS A POR **TABACO** Y **BEBIDA**.

DESDE LUEGO, LOS PADRES NO SON **ENTERAMENTE RESPONSABLES** DE SUS HIJOS.

YO NI SIQUIERA SÉ USAR UNA CALCULADORA...

... ¡Y MI CHICO ES **UN GENIO DE LAS MATEMÁTICAS!**

YO NO TENGO EL MENOR SENTIDO DEL RITMO...

... ¡Y MI PEQUEÑA ES UNA **GRAN BAILARINA!**

YO NUNCA HE MATADO A NADIE...

... ¡Y MI HIJO ESTÁ **EN EL CORREDOR DE LA MUERTE!**

DE MODO SIMILAR, EL ESTADO NO ES **ENTERAMENTE RESPONSABLE** DE LA ECONOMÍA...

LA ECONOMÍA VA **VIENTO EN POPA.**

¡TODO EL MÉRITO ES MÍO!

LA ECONOMÍA **CAE EN PICADO.**

¡EH, **YO** NO TENGO LA CULPA!

... PERO SÍ EJERCE UNA GRAN INFLUENCIA TANTO EN LA **ESTABILIDAD A CORTO PLAZO** COMO EN EL **CRECIMIENTO A LARGO PLAZO.**

SEGUIMOS PERSIGUIENDO LOS **DOS GRANDES OBJETIVOS** DE LA MACROECONOMÍA...

... ¡Y EL **ESTADO** DESEMPEÑA UN GRAN PAPEL **EN AMBOS!**

YA HEMOS VISTO UN IMPORTANTE
INSTRUMENTO DEL ESTADO PARA PROMOVER
LA ESTABILIDAD A CORTO PLAZO:
LA POLÍTICA MONETARIA.

¡ESTE PARECE
UN TRABAJO PARA
POLÍTICA-MONETARIA-MAN!

DURANTE UN PERÍODO DE CONTRACCIÓN,
EL BANCO CENTRAL DE CADA ESTADO PUEDE
ESTIMULAR LA ECONOMÍA **AUMENTANDO
LA OFERTA DE DINERO...**

... Y **DURANTE UNO DE EXPANSIÓN,**
EL BANCO CENTRAL DE CADA ESTADO PUEDE ENFRIAR
LA ECONOMÍA **REDUCIENDO LA OFERTA
DE DINERO.**

LOS ECONOMISTAS COINCIDEN EN QUE LA
POLÍTICA MONETARIA ES LA **PRIMERA
LÍNEA DE DEFENSA** CONTRA
LA INESTABILIDAD A CORTO PLAZO.

PERO SI LA POLÍTICA MONETARIA NO BASTA,
HAY UN PLAN B:
LA POLÍTICA FISCAL.

NORMALMENTE YO
SOY **TODO LO QUE
NECESITAMOS**

¡HOLA!, SOY
POLÍTICA-FISCAL-WOMAN.

COMO LA POLÍTICA MONETARIA, LA **POLÍTICA FISCAL** ES UN INSTRUMENTO DEL ESTADO PARA **PROMOVER LA ESTABILIDAD A CORTO PLAZO.**

¡JUNTOS FORMAMOS EL EQUIPO DE BOXEO DE LA ECONOMÍA KEYNESIANA!

A DIFERENCIA DE LA POLÍTICA MONETARIA, LA POLÍTICA FISCAL APLICA **CAMBIOS EN LOS IMPUESTOS Y EN EL GASTO** PARA INFLUIR EN LA ECONOMÍA.

EN ESTADOS UNIDOS, LAS ADMINISTRACIONES FEDERAL, ESTATAL Y LOCAL CONTROLAN ALREDEDOR DEL **35% DEL PIB...**

... DE MODO QUE PUEDEN EJERCER UN GRAN PODER.

DURANTE UNA CONTRACCIÓN, EL ESTADO A MENUDO TRATA DE **IMPULSAR LA ECONOMÍA AUMENTANDO EL GASTO O BAJANDO LOS IMPUESTOS...**

... Y PROGRAMAS COMO LOS **SUBSIDIOS DE DESEMPLEO** AYUDAN A **ESTABILIZAR AUTOMÁTICAMENTE** LA ECONOMÍA EN TODO EL CICLO ECONÓMICO.

EL GASTO PÚBLICO EN SUBSIDIOS DE DESEMPLEO **AUMENTA DURANTE LOS PERÍODOS DE RECESIÓN...**

¡ESTOY DESEANDO COMPRARME UNA BICI NUEVA CON LA **DEVOLUCIÓN DE HACIENDA!**

¡Nuevo puente! ¡Próxima inauguración!

... Y **DISMINUYE DURANTE** LOS DE EXPANSIÓN.

SI PIENSAS EN EL ESTADO COMO UN PADRE O UNA MADRE, LA **POLÍTICA FISCAL** RESULTA BASTANTE SENCILLA.

LOS ECONOMISTAS KEYNESIANOS SON COMO PADRES **ACTIVOS**.

DURANTE UNA RECESIÓN, EL ESTADO PUEDE UTILIZAR LA POLÍTICA FISCAL PARA TRATAR DE **IMPULSAR** LA ACTIVIDAD ECONÓMICA...

... IGUAL QUE **UN PADRE O UNA MADRE** TRATAN DE **DAR ALIMENTO EXTRA A UN NIÑO FALTO DE PESO**.

¡VENGA, TÓMATE **TRES CUCHARADAS MÁS** Y ASÍ TENDRÁS **MÁS FUERZA!**

Y DURANTE UNA EXPANSIÓN, EL ESTADO PUEDE UTILIZAR LA POLÍTICA FISCAL PARA TRATAR DE **RALENTIZAR** LA ACTIVIDAD ECONÓMICA...

... IGUAL QUE UN PADRE O UNA MADRE TRATAN DE HACER QUE UN **HIJO CON EXCESO DE PESO** ADOPTE UNA **DIETA MÁS SALUDABLE**.

Y HOY DE POSTRE... **¡ESPINACAS!**

CONCRETAMENTE, LA IDEA DE LA POLÍTICA FISCAL ES **CREAR DÉFICIT PRESUPUESTARIOS DURANTE LAS RECESIONES...**

... Y **CREAR SUPERÁVIT PRESUPUESTARIOS DURANTE LOS AÑOS DE EXPANSIÓN.**

PARA IMPULSAR LA ECONOMÍA, EL ESTADO DEBE **GASTAR MÁS DE LO QUE RECAUDA EN IMPUESTOS.**

PARA ENFRIAR LA ECONOMÍA, EL ESTADO DEBE **GASTAR MENOS DE LO QUE RECAUDA EN IMPUESTOS.**

EN UN MUNDO IDEAL, ESOS DÉFICIT Y SUPERÁVIT ANUALES **SE EQUILIBRARÍAN MUTUAMENTE** A LARGO PLAZO...

... PERO **EN LA REALIDAD NO OCURRE ASÍ.**

A VECES TENGO **EXCESO DE PESO...**

... Y A VECES ESTOY **FALTO DE PESO...**

... PERO A LARGO PLAZO **VUELVO A MI PESO NORMAL.**

YA VEO, ¿Y **CUÁL ES SU PESO NORMAL?**

DIEZ KILOS **MÁS DE LO QUE DEBERÍA.**

COMO RESULTADO, LA POLÍTICA FISCAL A CORTO PLAZO SE VE CADA VEZ MÁS AMENAZADA POR LA ACUMULACIÓN DE **DEUDA PÚBLICA A LARGO PLAZO.**

SI PIDES PRESTADO DEMASIADO DINERO **CUANDO NO LO NECESITAS...**

... PUEDE QUE NO PUEDAS PEDIRLO **CUANDO LO NECESITES.**

EL ESTADO TAMBIÉN EJERCE UNA GRAN INFLUENCIA EN **EL SEGUNDO GRAN OBJETIVO DE LA MACROECONOMÍA.**

¡EL CRECIMIENTO A LARGO PLAZO!

IGUAL QUE LOS **BUENOS PADRES** PUEDEN AYUDAR A SUS HIJOS A TENER ÉXITO EN LA VIDA...

¿DÓNDE SE CRUZAN LAS CURVAS DE OFERTA Y DE DEMANDA?

¡AARGH! ¡LA x MARCA EL LUGAR!

... EL ESTADO PUEDE PROMOVER EL **CRECIMIENTO A LARGO PLAZO**...

... ESTABLECIENDO Y PROTEGIENDO LOS **DERECHOS DE PROPIEDAD**...

¡BENJAMÍN, **NO** HAY QUE CHUPAR LA CONSOLA DE GUILLE!

... FOMENTANDO LA **INNOVACIÓN** Y PROTEGIENDO LA **COMPETENCIA**...

¡QUE GANE LA MEJOR EMPRESA!

Limonada rosa 25 céntimos

Limonada 25 céntimos 20 céntimos

... HACIENDO INVERSIONES PÚBLICAS INTELIGENTES EN **INFRAESTRUCTURAS** Y **EDUCACIÓN**...

¡OS COMPRARÉ A CADA UNO UN EJEMPLAR DE LA **INTRODUCCIÓN A LA MICROECONOMÍA EN VIÑETAS!**

... Y ABORDANDO EL PROBLEMA DE LA **CONTAMINACIÓN.**

ALGUNOS ECONOMISTAS SOSTIENEN QUE EL ESTADO DEBERÍA HACER **AÚN MÁS**.

¡HAY COSAS **MÁS IMPORTANTES** QUE LA ESTABILIDAD A CORTO PLAZO Y EL CRECIMIENTO A LARGO PLAZO!

COMO VEÍAMOS EN MICROECONOMÍA, HASTA LOS MERCADOS QUE FUNCIONAN BIEN PUEDEN GENERAR UNA **DESIGUALDAD ENORME**.

¿CÓMO LLAMÁIS A CUANDO **UNA PERSONA SE QUEDA CON TODO EL PASTEL**?

¡YO LO LLAMO UN **RESULTADO PARETO-EFICIENTE**!

PUEDES REPASAR LA EFICIENCIA DE PARETO EN LA PÁGINA 93 Y EN EL GLOSARIO.

UN BUEN ESTADO PUEDE TRATAR DE MEJORAR LAS COSAS TOMANDO MEDIDAS PARA **ALIVIAR LA POBREZA**.

PODEMOS ESTABLECER UNA **RED SOCIAL DE SEGURIDAD**...

... **GRAVANDO** LOS **RICOS** PARA MANTENER A LOS **POBRES**,

¡COMO **ROBIN HOOD**!

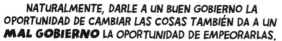

NATURALMENTE, DARLE A UN BUEN GOBIERNO LA OPORTUNIDAD DE CAMBIAR LAS COSAS TAMBIÉN DA A UN **MAL GOBIERNO** LA OPORTUNIDAD DE EMPEORARLAS.

RECUERDA QUE ROBIN HOOD ERA UN **PROSCRITO**.

... QUE COMBATÍA A UN **GOBIERNO CORRUPTO**.

SERÍA **GENIAL** QUE EL ESTADO **ACTUARA SIEMPRE EN ARAS DEL INTERÉS PÚBLICO**...

PROMETO GUARDAR... ESTE BOTÍN **CON MI VIDA**.

... PERO **JAMES BUCHANAN** GANÓ EL PREMIO NOBEL EN 1986 POR MOSTRAR QUE LOS REPRESENTANTES DEL ESTADO ACTÚAN A MENUDO COMO INDIVIDUOS OPTIMIZADORES, **EXACTAMENTE IGUAL QUE EL RESTO DE NOSOTROS**.

LOS POLÍTICOS NO SON ÁNGELES.

¡ENHORABUENA! ¡HA GANADO EL **PREMIO NOBEL**!

SU TRABAJO SOBRE **TEORÍA DE LA ELECCIÓN PÚBLICA** ADVIERTE DE QUE LA ACCIÓN DEL ESTADO PUEDE **INCREMENTAR** LA DESIGUALDAD EN LUGAR DE **REDUCIRLA**.

QUIERO AYUDAR A LOS **POBRES DE MI PAÍS**...

... EMPEZANDO POR **MIS POBRES AMIGOS**.

INCLUSO UN **ESTADO BIENINTENCIONADO**, COMO LOS PADRES BIENINTENCIONADOS, A VECES PUEDE HACER LA VIDA BASTANTE **INSOPORTABLE**.

SOLO TRATO DE **AYUDARTE**.

¡SI QUIERES AYUDARME, **DÉJAME EN PAZ!**

LOS **PARTIDARIOS DE LA ECONOMÍA DE LA OFERTA** SUBRAYAN EL PERJUICIO ECONÓMICO QUE PUEDE CAUSAR EL ESTADO...

LO ÚNICO QUE TIENE QUE HACER PARA MONTAR UN NEGOCIO ES **RELLENAR ESTOS 49 FORMULARIOS** POR TRIPLICADO...

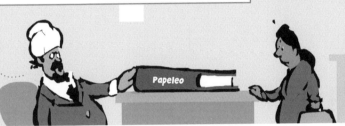

Papeleo

... Y LUEGO **COMPETIR** POR EL CRÉDITO **CON UN ESTADO EXCESIVAMENTE ENDEUDADO**...

Efecto desplazamiento

... Y LUEGO APOQUINAR EL **50% DE SUS BENEFICIOS**.

Impuestos onerosos

... Y CONCLUYEN QUE LA **MANO INVISIBLE** NO NECESITA DEMASIADA **AYUDA DEL ESTADO**.

MI CONSEJO ES: «NO HAGAS NADA, SOLO QUÉDATE AHÍ QUIETO».

EL RETO PARA EL ESTADO, COMO PARA LOS PADRES, ES ENCONTRAR UN SANO TÉRMINO MEDIO ENTRE SER **EXCESIVAMENTE NO INTERVENCIONISTA...**

MIS PADRES NO ME OBLIGAN A HACER LOS **DEBERES** NI A AYUDAR EN LAS **TAREAS** DE CASA.

Y ADEMÁS ME DAN TODAS LAS **CHOCOLATINAS Y REFRESCOS** QUE QUIERO...

... ¡Y NI SIQUIERA ME DICEN QUE ME **LAVE LOS DIENTES!**

... Y SER **EXCESIVAMENTE INTERVENCIONISTA.**

DE **NUEVE A DIEZ** ESTUDIARÁS ECONOMÍA.

DE **DIEZ A ONCE,** MATEMÁTICAS Y CIENCIAS.

DE **ONCE A DOCE,** LÉXICO.

Y DE **DOCE A UNA** DA IGUAL: ¡NO LLEGARÉ VIVO!

EL GRADO DE IMPLICACIÓN DEL ESTADO SUELE MEDIRSE OBSERVANDO EL GASTO PÚBLICO EXPRESADO COMO PORCENTAJE DEL **PIB...**

CHILE: 20% DEL PIB

ESTADOS UNIDOS: 35% DEL PIB

FRANCIA: 50% DEL PIB

... Y TAMBIÉN OBSERVANDO EL ALCANCE DE LAS **REGULACIONES PÚBLICAS.**

EL **MEJOR** GOBIERNO ES EL QUE **MENOS** GOBIERNA.

TENEMOS REGULACIONES **MEDIOAMBIENTALES...**

... REGULACIONES DE **SEGURIDAD...**

... REGULACIONES **LABORALES...**

NO TODOS LOS ECONOMISTAS ESTÁN DE ACUERDO SOBRE EL **PAPEL DEL ESTADO**...

ES COMO SI HUBIERA ESTADO **ENCERRADO EN UN ZOO**...

... ¡NECESITA SALIR A **RESPIRAR AIRE FRESCO!**

AL CONTRARIO, HA CONTRAÍDO **FIEBRE TROPICAL**...

... TIENE QUE **GUARDAR CAMA.**

... PERO TIENDEN A COINCIDIR EN QUE LA **MICROGESTIÓN** DE LA ECONOMÍA ES UNA **MALA IDEA.**

¿QUÉ **EDAD** TIENEN SUS HIJOS?

EL **MÉDICO** TIENE CINCO; EL **ABOGADO**, TRES.

ESTO SE DEBE A QUE LOS ECONOMISTAS CONFÍAN MÁS QUE LA MAYORÍA DE LA GENTE EN **LAS VENTAJAS DEL COMERCIO.**

¡LA OPTIMIZACIÓN INDIVIDUAL A MENUDO CONDUCE A **RESULTADOS QUE SON BUENOS PARA EL GRUPO EN SU CONJUNTO!**

Y ESO NOS LLEVA A NUESTRO **PRÓXIMO TEMA.**

SEGUNDA PARTE
COMERCIO INTERNACIONAL

CAPÍTULO 7
COMERCIO Y TECNOLOGÍA

EL **LIBRE COMERCIO** ES PRÁCTICAMENTE EL **TEMA FAVORITO** DE LOS ECONOMISTAS...

INCLUSO CUANDO **PARECE** QUE ESTAMOS HABLANDO DE **OTRA COSA**...

... LO MÁS PROBABLE ES QUE **EN REALIDAD** ESTEMOS HABLANDO DE **COMERCIO**.

... PERO PARA LA OPINIÓN PÚBLICA EN GENERAL RESULTA BASTANTE **CONTROVERTIDO**.

¡Proteged los subsidios de pesca de cereal!

¡Comercio JUSTO, no libre comercio!

¡No EXTERNALICÉIS nuestros puestos de trabajo!

¡Las barreras comerciales son para los DÉBILES!

¿Qué habría hecho ADAM SMITH?

¡El comercio nos beneficia A TODOS

I♥OMC

¡El proteccionism perjudica al consumidor!

ASÍ QUE EMPEZAREMOS POR UN TEMA MENOS POLÉMICO: EL **PROGRESO TECNOLÓGICO**.

¡HOLA A TODOS! ¡ATENCIÓN!:

¡ESTOY **DIFUNDIENDO** LA PROTESTA **EN MI BLOG**!

¡BIEN!

¡VAYA!

¡IMPRESIONANTE!

¡A VER, A VER!

PARA LOS ECONOMISTAS, EL TERMINO **TECNOLOGÍA** HACE REFERENCIA AL MODO EN QUE LOS **FACTORES DE PRODUCCIÓN** SE CONVIERTEN EN **PRODUCTOS**...

... MIENTRAS QUE **PROGRESO TECNOLÓGICO** ALUDE A LAS **MEJORAS PRODUCIDAS EN DICHO PROCESO.**

EN ESTE CAPÍTULO TRATAREMOS DE **TRES HECHOS IMPORTANTES** EN RELACIÓN CON EL PROGRESO TECNOLÓGICO.

HECHO Nº 1:

EL **PROGRESO TECNOLÓGICO** CREA **PERDEDORES** ADEMÁS DE **GANADORES**.

ES TENTADOR CONCEBIR EL PROGRESO TECNOLÓGICO COMO UNA ESPECIE DE **MILAGRO QUE BENEFICIA A TODO EL MUNDO**...

... PERO LA HISTORIA MUESTRA QUE ESTA VISIÓN ES **EXCESIVAMENTE SIMPLISTA**.

NOSOTROS NADAMOS EN LA ABUNDANCIA...

¡HUM!... ... NOSOTROS NO.

POR EJEMPLO, TRANSPORTAR BIENES EN **CONTENEDORES** FUE **REVOLUCIONARIO**...

... PERO DESTRUYÓ EL SUSTENTO DE MILES DE **ESTIBADORES**.

¡PUEDO DESCARGAR 20 TONELADAS EN 20 MINUTOS!

¡ACABAS DE CARGARTE 20 PUESTOS DE TRABAJO!

DEL MISMO MODO, **INTERNET** PERMITE COMPRAR BILLETES DE AVIÓN DIRECTAMENTE...

... PERO ESO HA ARRUINADO EL NEGOCIO DE LAS **AGENCIAS DE VIAJES**.

¡CREO QUE MAÑANA ME VOY A IR A LA INDIA...!

TODOS LOS DEMÁS PUEDEN VIAJAR...

... ¡PERO NOSOTROS ESTAMOS EN LA RUINA!

EN RESUMEN, EL PROGRESO TECNOLÓGICO PUEDE SER **DOLOROSO**.

SI RECUERDAS ALGO DE LA **JERGA DE LA MICROECONOMÍA...**

UNA MEJORA DE PARETO ES UN CAMBIO QUE HACE QUE AL MENOS UNA PERSONA SALGA GANANDO SIN QUE **NADIE** SALGA PERDIENDO.

YO ESTOY **BIEN**. ¡YO TAMBIÉN!

¡MEJORA DE PARETO!

¡YO ESTOY **MEJOR**! ¡YO TAMBIÉN!

YO ESTOY **BIEN**. ¡YO TAMBIÉN!

¡MEJORA DE PARETO!

¡YO ESTOY **MEJOR**! YO SIGO IGUAL.

... ESO SIGNIFICA QUE EL PROGRESO TECNOLÓGICO **NO** SIEMPRE CONDUCE A **MEJORAS DE PARETO**.

YO ESTOY **BIEN**. ¡YO TAMBIÉN!

¡MEJORA DE PARETO!

¡YO ESTOY **MEJOR**! ¡EH! ¡ALGÚN **ROBOT** ME HA QUITADO EL **TRABAJO**!

HAY **MONTONES** DE PERSONAS QUE HAN **SALIDO GANANDO** GRACIAS AL PROGRESO TECNOLÓGICO...

... PERO HAY **ALGUNAS** QUE HAN **SALIDO PERDIENDO**...

... ESPECIALMENTE A CORTO PLAZO.

OBVIAMENTE, ESO NO SIGNIFICA QUE EL PROGRESO TECNOLÓGICO SEA **MALO**.

LO CUAL NOS LLEVA AL HECHO N.º 2...

HECHO Nº 2:

EL PROGRESO TECNOLÓGICO ES ESTUPENDO.

A COMIENZOS DEL SIGLO XIX, LOS OBREROS TEXTILES INGLESES DECLARARON LA GUERRA A LOS **TELARES MECÁNICOS** QUE AMENAZABAN SUS PUESTOS DE TRABAJO...

¡MUERTE A LAS **MÁQUINAS**!

¡LOS CALCETINES SE HAN DE TEJER **A MANO**!

¡SOMOS LOS **LUDITAS**!

... PERO **HOY** LOS TELARES MECÁNICOS PARECEN **UN REGALO DEL CIELO**.

¡CALCETINES BARATOS, Y SE ACABÓ EL REPETITIVO COSIDO A MANO!

¡SI ESO NO TE GUSTA, ES QUE ERES UN **LUDITA**!

LA MISMA PAUTA RESULTA EVIDENTE EN LA MAYORÍA DE LAS FORMAS DE PROGRESO TECNOLÓGICO.

LA INVENCIÓN DE LA **ELECTRICIDAD** ARRUINÓ LA INDUSTRIA DE LAS VELAS...

... PERO ¿QUIÉN QUERRÍA VOLVER A AQUELLA **ÉPOCA OSCURA**?

EL PROGRESO TECNOLÓGICO ES ESTUPENDO PORQUE NOS PERMITE GENERAR **MÁS PRODUCTOS** A PARTIR DE LA **MISMA CANTIDAD DE FACTORES DE PRODUCCIÓN**.

ANTES HACÍAN FALTA UNAS **300 HORAS DE TRABAJO** Y UNOS **9.000 $ DE MATERIAS PRIMAS** PARA FABRICAR UN COCHE...

... HOY, CON ESOS MISMOS FACTORES DE PRODUCCIÓN, SE PUEDEN FABRICAR **DOS COCHES**.

¡VOILÀ!

COMO RESULTADO, CON EL TIEMPO HEMOS PODIDO PRODUCIR **MÁS DE TODO PARA TODOS**.

MÁS **COMIDA**.

¡ODIO LAS ESPINACAS!

MÁS **ROPA**.

¡YO NO QUIERO VESTIRME!

MÁS **AVENTURA**.

¡QUIERO IRME A CASA!

ASÍ PUES, AUNQUE **A CORTO PLAZO** EL PROGRESO TECNOLÓGICO CREA **PERDEDORES** ADEMÁS DE **GANADORES**...

... **A LARGO PLAZO** ES PROBABLE QUE **CASI TODO EL MUNDO SALGA GANANDO**.

SUBA...

... ¡LAS MEJORAS DE PARETO LLEGARÁN ENSEGUIDA!

Y TAMBIÉN EL HECHO N.º 3...

HECHO Nº 3:

EL **PROGRESO TECNOLÓGICO** Y EL **COMERCIO** RESULTAN BÁSICAMENTE **INDISTINGUIBLES**.

¡TE LO ADVERTIMOS!

AUNQUE PAREZCA QUE ESTAMOS HABLANDO DE OTRA COSA...

... ¡EN REALIDAD ESTAMOS HABLANDO DE **COMERCIO**!

ESO SIGNIFICA QUE **POR CADA HISTORIA** RELACIONADA CON EL **PROGRESO TECNOLÓGICO**...

¡HEMOS ENCONTRADO UN MODO DE CONVERTIR EL **MAÍZ** EN **BOLSAS DE PLÁSTICO**!

PONES MAÍZ Y UNAS CUANTAS ENZIMAS EN NUESTRA LAMINADORA PATENTADA...

... ¡Y VOILÀ, BOLSAS DE PLÁSTICO!

... HAY UNA **HISTORIA SIMILAR** RELACIONADA CON EL **COMERCIO**...

PUSE MAÍZ EN ESTE BARCO...

... ¡Y EL BARCO VUELVE CON BOLSAS DE PLÁSTICO!

... Y POR CADA HISTORIA RELACIONADA CON EL **COMERCIO**...

PUSE **AGUACATES** EN ESTE BARCO...

... ¡Y EL BARCO VUELVE CON **ACERO**!

... HAY, AL MENOS EN TEORÍA, UNA **HISTORIA SIMILAR** RELACIONADA CON EL **PROGRESO TECNOLÓGICO**.

¡NO OS VAIS A CREER LO QUE HEMOS CONSEGUIDO SACAR METIENDO AGUACATES!

DEBIDO AL HECHO N.º 3, DEBERÍAS PENSAR EN EL COMERCIO Y EL PROGRESO TECNOLÓGICO COMO EN **DOS GEMELOS IDÉNTICOS**.

ESTOY CON EL **COMERCIO**

ESTOY CON LA **TECNOLOGÍA**

COMO EL PROGRESO TECNOLÓGICO, EL COMERCIO NOS AYUDA A GENERAR **MÁS PRODUCTOS** A PARTIR DE LA **MISMA CANTIDAD DE FACTORES DE PRODUCCIÓN**.

Y AHORA PONGO MI CHISTERA EN ESTE BARCO...

... ¡Y CUANDO EL BARCO VUELVA, ESTARÁ LLENO DE CONEJOS!

NUESTROS **DOS PRIMEROS HECHOS** SOBRE EL PROGRESO TECNOLÓGICO LLEVAN, PUES, A **DOS HECHOS IDÉNTICOS SOBRE EL COMERCIO**:

HECHO Nº 1:
EL **COMERCIO** CREA **PERDEDORES** ADEMÁS DE **GANADORES**.

HECHO Nº 2:
EL **COMERCIO ES ESTUPENDO**.

PUSIERON **MI PUESTO DE TRABAJO** EN UN BARCO...

... Y YA NO VOLVIÓ.

¡PERO MIRA TODAS ESAS COSAS ASOMBROSAS QUE SÍ HAN VUELTO!

MUCHAS DE LAS CONTROVERSIAS SOBRE EL **LIBRE COMERCIO** SE DEBEN A QUE LA GENTE **SE OLVIDA** DEL HECHO N.º 1 O DEL HECHO N.º 2.

HECHO Nº 1:
EL **COMERCIO** CREA **PERDEDORES** ADEMÁS DE **GANADORES**.

ASÍ QUE NO LO OLVIDES.

¡Y TAMPOCO OLVIDES EL HECHO N.º 3!

HECHO Nº 2:
EL **COMERCIO ES ESTUPENDO**.

HECHO Nº 3:
EL **PROGRESO TECNOLÓGICO** Y EL **COMERCIO** RESULTAN BÁSICAMENTE **INDISTINGUIBLES**.

NI EL COMERCIO NI EL PROGRESO TECNOLÓGICO CREAN **MEJORAS DE PARETO** A CORTO PLAZO...

... PERO A LARGO PLAZO ES PROBABLE QUE HAGAN QUE **TODO EL MUNDO** SALGA GANANDO.

CAPÍTULO 8
LA VISIÓN CLÁSICA DEL COMERCIO

LA ECONOMÍA ES COMO UNA
MÁQUINA BIEN ENGRASADA...

... ¡Y EL **COMERCIO** LE AÑADE
UN **MOTOR TURBO!**

EL MODO EN QUE LOS **ECONOMISTAS CLÁSICOS, COMO ADAM SMITH,** CONCEBÍAN EL COMERCIO INTERNACIONAL ES **SENCILLO Y POTENTE...**

«SI UN PAÍS EXTRANJERO NOS PUEDE SUMINISTRAR UNA MERCANCÍA **MÁS BARATA DE LO QUE NOSOTROS MISMOS PODEMOS FABRICARLA...**

... **ES MEJOR COMPRÁRSELA** CON UNA PARTE DEL PRODUCTO DE NUESTRA PROPIA INDUSTRIA, DE TAL FORMA QUE TENGAMOS ALGUNA VENTAJA.»

... Y PROVIENE DIRECTAMENTE DE LA VISIÓN DE QUE LA MACROECONOMÍA ES COMO UNA **FAMILIA BIEN ORGANIZADA.**

«LA MÁXIMA DE TODO CABEZA DE FAMILIA PRUDENTE ES...

... NUNCA INTENTAR HACER EN CASA NADA QUE **CUESTE MÁS HACER QUE COMPRAR.»**

AUNQUE EL COMERCIO CREA **PERDEDORES** ADEMÁS DE **GANADORES,** LOS ECONOMISTAS CLÁSICOS SE CENTRAN EN LAS **GANANCIAS PARA LA SOCIEDAD EN CONJUNTO.**

EL COMERCIO ES ESTUPENDO...

... ¡EXACTAMENTE IGUAL QUE EL PROGRESO TECNOLÓGICO!

LOS ECONOMISTAS CLÁSICOS TAMBIÉN SUBRAYAN QUE EL COMERCIO ENTRE DOS PAÍSES PUEDE BENEFICIAR A **AMBOS**.

IGUAL QUE EL COMERCIO ENTRE DOS PERSONAS...

... ¡PUEDE BENEFICIAR A **AMBAS**!

EN 1817, LA **TEORÍA DE LA VENTAJA COMPARATIVA** DE **DAVID RICARDO** MOSTRABA QUE ESOS **BENEFICIOS MUTUOS** SON POSIBLES CUANDO LOS PAÍSES SON **DISTINTOS**...

PORTUGAL TIENE UN BUEN CLIMA PARA EL CULTIVO DE LA **VID**.

INGLATERRA TIENE UN BUEN CLIMA PARA EL CULTIVO DEL **TRIGO**.

¡INTERCAMBIEMOS **BOTELLAS DE VINO** POR **SACOS DE HARINA**!

... PERO LOS ECONOMISTAS MODERNOS CREEN QUE LOS BENEFICIOS MUTUOS SON POSIBLES INCLUSO CUANDO LOS PAÍSES SON **SIMILARES**.

SUECIA FABRICA AUTOMÓVILES **VOLVO**.

ALEMANIA FABRICA AUTOMÓVILES **BMW**.

¡AMBOS PODEMOS GANAR CON EL COMERCIO!

PAUL KRUGMAN GANÓ EL PREMIO NOBEL EN 2008 POR SU TRABAJO EN ESTE ÁMBITO.

¡Y SI ALGUNA VEZ EMPEZAMOS A COMERCIAR CON **OTROS PLANETAS**, TAMBIÉN ESO PUEDO EXPLICARLO!

¡ENHORABUENA! ¡HA GANADO EL **PREMIO NOBEL**!

LOS **BENEFICIOS DEL COMERCIO** RESULTAN MÁS OBVIOS CUANDO PIENSAS EN **FAMILIAS** QUE COMERCIAN CON **OTRAS FAMILIAS**...

¡SIN VOS, DOÑA SASTRESA, MI VIDA SERÍA UN **HARAPO**!

¡OH, **BENDITO SEÁIS**, MAESE ZAPATERO!

... PERO TAMBIÉN PUEDES VER FÁCILMENTE LOS BENEFICIOS DE COMERCIAR CON **OTROS PAÍSES**...

¡MIRA, AQUÍ VIENE MONSIEUR **CHAPEAU**!

SIN LOS FRANCESES IRÍAMOS **DE CABEZA**.

...O HASTA CON **EXTRATERRESTRES.**

¡LLEVADME ANTE VUESTRO **PRINCIPAL ECONOMISTA!**

PUEDE QUE CREAS QUE **ADAM SMITH** NO HABRÍA TENIDO MUCHO QUE DECIR SOBRE LOS **EXTRATERRESTRES**...

¿**VIDA EN OTROS PLANETAS**?

TODAVÍA ME ESTOY ACOSTUMBRANDO A LA IDEA DE QUE HAYA VIDA EN **SUDAMÉRICA**.

... PERO EN REALIDAD LA **ECONOMÍA CLÁSICA** NOS ENSEÑA UNA IMPORTANTE LECCIÓN SOBRE EL **COMERCIO INTERESTELAR**:

SI ENCONTRAMOS **SERES DE OTRO PLANETA**...

¡O SI **ELLOS** NOS ENCUENTRAN A **NOSOTROS**!

... Y SI AMBAS PARTES **INICIAN PACÍFICAMENTE UNA RELACIÓN DE LIBRE COMERCIO**...

¿QUIERES ESA CHOCOLATINA?

ENTONCES TIENES QUE **OFRECERME** ALGO A CAMBIO...

... ¡Y **NO INTIMIDARME**!

... ESE **ENCUENTRO EXTRATERRESTRE** SERÍA **ESTUPENDO PARA AMBAS PARTES.**

¡YO SALGO GANANDO, Y MI NUEVO AMIGO **ZANTROK** TAMBIÉN!

¡ZEEKROX FLOUDZ, HOOGHA HOO GHOW ZGR **ESTEBAN**!

DESDE LUEGO, HABRÍA UNA PEGA: EL COMERCIO INTERESTELAR CREARÍA **PERDEDORES** ADEMÁS DE **GANADORES**.

¡MI PUESTO DE TRABAJO SE HA EXTERNALIZADO A XANRAK 7!

PERO LOS ECONOMISTAS CLÁSICOS RESPONDEN A LAS PREOCUPACIONES SOBRE LA **EXTERNALIZACIÓN**...

NO TE EXTRAÑE QUE PERDIERAS TU EMPLEO.

YA NADA **SE FABRICA EN EL PLANETA TIERRA.**

... SEÑALANDO QUE TAMBIÉN LAS **FAMILIAS** LA PRACTICAN.

¿AH, SÍ?

¿CÓMO?

BUENO, ¿ACASO OS **HACÉIS VUESTRO PROPIO PAN?**

POR ESO HAY TANTAS FAMILIAS CON APELLIDOS COMO **SASTRE, ZAPATERO, PANADERO...**

... Y TAN POCAS CON EL APELLIDO **DETODO**

TANTO SI ERES UNA FAMILIA, UN PAÍS O UN PLANETA, LA **EXTERNALIZACIÓN TE PERMITE CENTRARTE EN AQUELLO EN LO QUE ERES BUENO.**

NOSOTROS HACEMOS CINTURONES COHETE...

... NOSOTROS HACEMOS MEDICAMENTOS...

... ¡Y TODOS GANAMOS CON EL COMERCIO!

LA IDEA DE QUE LA **EXTERNALIZACIÓN**
ES BUENA PARA LA SOCIEDAD
PUEDE PARECER CHOCANTE...

¡CÓMO PUEDE SER **BUENA**
SI YO HE **PERDIDO MI**
EMPLEO!

... PERO RECUERDA QUE LOS ECONOMISTAS CLÁSICOS
VEN LA ECONOMÍA COMO **UNA MÁQUINA DE**
CREAR EMPLEO BIEN AJUSTADA.

¡NO PASA NADA, LA
ECONOMÍA CREARÁ UN
NUEVO EMPLEO PARA TI!

ESO TAMBIÉN EXPLICA POR QUÉ LOS ECONOMISTAS
CLÁSICOS CREEN QUE LO MEJOR DEL COMERCIO NO
ES LA **EXPORTACIÓN**...

... SINO LA **IMPORTACIÓN**.

TODO EL MUNDO HABLA
SIEMPRE DE CÓMO EL
COMERCIO **CREA EMPLEO**...

... PERO LO **REALMENTE**
GENIAL ES TODO **LO QUE**
PUEDES COMPRAR.

COMO SIEMPRE, ESTA VISIÓN CLÁSICA ES ANÁLOGA A LA PERSPECTIVA DE
UNA **FAMILIA BIEN ORGANIZADA.**

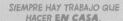

SIEMPRE HAY TRABAJO QUE
HACER **EN CASA.**

ASÍ QUE LA ÚNICA RAZÓN PARA
TENER UN EMPLEO
A CUENTA DE **OTRO**...

... ¡ES GANAR DINERO
PARA COMPRAR
COSAS!

107

LOS ECONOMISTAS CLÁSICOS TAMBIÉN ADOPTAN UNA POSTURA INESPERADA EN CUESTIONES RELACIONADAS CON LA **COMPETENCIA DESLEAL**...

...COMO LA **MANIPULACIÓN MONETARIA**...

¡MANTIENEN SU MONEDA ARTIFICIALMENTE BAJA PARA PROMOVER SUS EXPORTACIONES!

Cambia 1 $ por

0,66	libras
0,78	euros
86	yenes
150	glakons

... Y EL **DUMPING.**

NOS ESTÁN EXPORTANDO PISTOLAS LÁSER A PRECIOS POR DEBAJO DE SU COSTE DE PRODUCCIÓN,

ESO ES **DUMPING**, Y **NO ES JUSTO**...

... ¡ESTÁN INTENTANDO **COPAR EL MERCADO**!

LA VISIÓN CLÁSICA DE ESAS ACTIVIDADES DICE QUE **NO HABRÍA QUE PREOCUPARSE POR ELLAS.**

LA MANIPULACIÓN MONETARIA Y EL DUMPING **SON BUENOS PARA NOSOTROS.**

PUEDE QUE NOSOTROS, LOS TERRÍCOLAS, TENGAMOS QUE DEJAR DE FABRICAR PISTOLAS LÁSER, PERO LA ECONOMÍA CREARÁ EMPLEO EN OTRA PARTE.

¡ES LA **DESTRUCCIÓN CREATIVA!**

... Y EN EL HECHO DE CENTRARSE EN LAS **IMPORTACIONES** Y NO EN LAS **EXPORTACIONES.**

¡LA MANIPULACIÓN MONETARIA Y EL DUMPING SIGNIFICAN QUE **PAGAMOS MENOS POR LAS COSAS QUE QUEREMOS!**

¡SE VENDE!
149.999 glakons
(solo 999,99 $)

XT5000

UNA VEZ MÁS, EXISTE UN PARALELISMO CON LAS **FAMILIAS.**

¿OS QUEJARÍAIS SI MAESE ZAPATERO OS VENDIERA BOTAS A PRECIOS **DEMASIADO BAJOS?**

PUES NO.

¡DIGO!

¡ENTONCES NO OS PREOCUPÉIS, ALEGRAOS!

COMO VEREMOS EN EL PRÓXIMO CAPÍTULO, ESTA PERSPECTIVA CLÁSICA PUEDE RESULTAR **UN POCO SIMPLISTA.**

POR **UNA PARTE,** ESTÁ LA VISIÓN CLÁSICA DEL COMERCIO.

POR **OTRA,** EXISTEN UNA SERIE DE **COMPLICACIONES.**

¿Y QUÉ HAY DE LA **TERCERA,** LA **CUARTA** Y LA **QUINTA** PARTES?

NO OBSTANTE, LOS ECONOMISTAS CLÁSICOS APORTAN VALIOSAS IDEAS A LOS DEBATES SOBRE EL LIBRE COMERCIO, AUNQUE SEA CON UN **PLANETA** VECINO...

¿POR QUÉ **LUCHAR** CONTRA LOS EXTRATERRESTRES CUANDO PODEMOS **COMERCIAR CON ELLOS?**

... O CON UNA **FAMILIA** O UN **PAÍS** VECINOS.

«EL COMERCIO ENTRE NACIONES... DEBERÍA SER DE FORMA NATURAL, COMO ENTRE INDIVIDUOS...,

... UN VÍNCULO DE **UNIÓN** Y **AMISTAD**...»

CAPÍTULO 9
COMPLICACIONES

«EL COMERCIO ENTRE NACIONES, QUE DEBERÍA SER DE FORMA NATURAL, COMO ENTRE INDIVIDUOS, UN VÍNCULO DE **UNIÓN** Y **AMISTAD**...

... ¡SE HA CONVERTIDO EN LA FUENTE MÁS FÉRTIL DE **DISCORDIA** Y **ANIMOSIDAD!**»

LA **VISIÓN CLÁSICA** ES QUE LAS ECONOMÍAS SON COMO **FAMILIAS BIEN ORGANIZADAS**.

¡EH, PAPÁ, HE COMERCIADO CON LOS CHICOS DEL VECINO!

¡EXCELENTE, INVITÉMOSLES A GALLETAS!

LAS CONCLUSIONES SOBRE EL **COMERCIO** PARECEN TAN CONVINCENTES...

EL COMERCIO ENTRE PAÍSES ES EXACTAMENTE COMO EL COMERCIO ENTRE FAMILIAS...

... ¡HACE QUE **UN MONTÓN DE GENTE SALGA GANANDO**!

... QUE ES UN DURO GOLPE ENCONTRAR **COMPLICACIONES** RELACIONADAS CON LOS **DERECHOS HUMANOS**...

¿TE HAS FIJADO EN QUE LOS VECINOS OBLIGAN A SUS HIJOS A **ATENDER LOS HORNOS 18 HORAS DIARIAS**?

¡SÍ!, PERO MIENTRAS PUEDA **COMPRARLES EL PAN TAN BARATO**, ¿QUÉ MÁS DA?

... EL **MEDIO AMBIENTE**...

NO PESQUES MÁS EN EL LAGO O LOS PECES SE EXTINGUIRÁN.

¡MIRA LO QUE ACABO DE COMPRARLES A LOS VECINOS!

... LA SEGURIDAD NACIONAL...

MI QUERIDA **SEÑORA HATFIELD**, NO SE PREOCUPE POR HABERSE QUEDADO SIN MUNICIONES...

... ¡SIEMPRE PODEMOS IR AQUÍ AL LADO A COMPRARLES MÁS A **LOS McCOY**!

... Y LAS INDUSTRIAS NACIENTES.

¡ACABO DE APRENDER A **CONTROLAR** LA PELOTA DE **BÁSQUET**!

¡EXCELENTE, AHORA SAL AHÍ FUERA A **COMPETIR**!

OBVIAMENTE, ESTÁN LAS **COMPLICACIONES A CORTO PLAZO** RELACIONADAS CON EL **CICLO ECONÓMICO**.

PUEDE QUE TODOS NOS BENEFICIEMOS DEL COMERCIO **A LARGO PLAZO**...

... ¡PERO **A CORTO PLAZO** CREO QUE VOY A **VOMITAR**!

ESTAS COMPLICACIONES **NO PUEDEN DESCARTARSE FÁCILMENTE.**

LA PERSPECTIVA CLÁSICA PROMETE QUE EL COMERCIO
ENTRE DOS PAÍSES BENEFICIA A **AMBOS**...

... Y ASÍ, A LARGO PLAZO, ES PROBABLE
QUE EL COMERCIO CONDUZCA A
MEJORAS DE PARETO.

¡CONCLUYO
MI ALEGATO!

¡PROTESTO!

... ASÍ QUE TENEMOS QUE EXAMINAR MÁS DE CERCA EL COMERCIO QUE PODRÍA PERJUDICAR A **NUESTRO** PAÍS...

AHORA SOMOS TOTALMENTE **DEPENDIENTES** DE PRODUCTOS DEL EXTRANJERO.

SI REDUCEN EL COMERCIO, VOLVEREMOS A LA EDAD DE PIEDRA.

... Y EL COMERCIO QUE PODRÍA PERJUDICAR A **SU** PAÍS...

NUESTRAS EMPRESAS NO PUEDEN COMPETIR CON LAS GRANDES COMPAÑÍAS OCCIDENTALES.

SEREMOS POBRES PARA SIEMPRE.

... Y EL COMERCIO QUE PODRÍA PERJUDICAR A **AMBOS** PAÍSES.

DEBIDO AL CALENTAMIENTO GLOBAL, EL COMERCIO PODRÍA HACER QUE **TODO EL MUNDO** SALIERA PERDIENDO.

VOLVEREMOS A ELLO EN EL CAPÍTULO 14.

EXAMINEMOS DE CERCA UN EJEMPLO IMPORTANTE, LOS **TALLERES CLANDESTINOS**.

ME PASO 16 HORAS AL DÍA **EXAMINANDO DE CERCA** ESTAS CAMISETAS QUE COSO.

Salario: 0,30 $/hora

OBVIAMENTE, LOS TALLERES CLANDESTINOS PUEDEN PROPORCIONAR **BENEFICIOS** TANTO A LOS **FABRICANTES** COMO A **SUS CLIENTES**...

ME AHORRO UN MONTÓN DE DINERO EN **COSTES LABORALES**...

... Y ESO **ME PERMITE AHORRAR DINERO** EN LA TIENDA.

... PERO MUCHA GENTE PIENSA QUE ESTO ES **EXPLOTACIÓN**, COMO LA **ESCLAVITUD**.

¡OH, CIELOS!

SIN EMBARGO, Y A DIFERENCIA DE LA **ESCLAVITUD**, MUCHOS TALLERES CLANDESTINOS NO IMPLICAN UNA **EXPLOTACIÓN FORZOSA...**

¡VENIMOS A SACARTE DE AQUÍ, VAMOS!

¿POR QUÉ HABÉIS TARDADO TANTO?

... SINO MÁS BIEN UNA **EXPLOTACIÓN VOLUNTARIA**.

¡VENIMOS A SACARTE DE AQUÍ, VAMOS!

PERO...

... ¡SI NADIE **ME OBLIGA** A TRABAJAR EN ESTE SITIO!

¿NO?
¿ENTONCES **POR QUÉ ESTÁS AQUÍ**?

ES EVIDENTE QUE ESTE TIPO DE TALLERES RESULTAN **MÁS COMPLEJOS** QUE LA ESCLAVITUD...

QUIENES SE OPONEN A LOS TALLERES CLANDESTINOS SEÑALAN QUE ANTERIORMENTE EN LOS PAÍSES RICOS EXISTÍAN CONDICIONES LABORALES SIMILARES...

Y NO NOS OLVIDEMOS DEL **TRABAJO INFANTIL**...

... DE **LAS JORNADAS DE 14 HORASZZZZZZZ**...

... Y DE LOS PUESTOS DE TRABAJO SIN CONDICIONES DE SEGURIDAD.

... PERO **APROBAMOS LEYES PROHIBIENDO ESTAS PRÁCTICAS**.

¡ESAS SITUACIONES SON **INMORALES**!

SÍ.

Y SI LOS TALLERES CLANDESTINOS SON **ILEGALES** EN LOS **PAÍSES RICOS**...

... ¿CÓMO PUEDE ESTAR **BIEN** TOLERARLOS EN LOS **PAÍSES POBRES** QUE NOS VENDEN?

¿CÓMO ES POSIBLE QUE LO QUE ES **INMORAL** AQUÍ...

... SEA **MORAL** ALLÍ?

LOS **ACTIVISTAS** QUE **LUCHAN CONTRA LOS TALLERES CLANDESTINOS** SOSTIENEN QUE DEBEMOS PROTEGER **LA SALUD Y LA SEGURIDAD** DE **TODOS** LOS TRABAJADORES.

SI NOSOTROS NO VELAMOS POR SUS DERECHOS, ¿**QUIÉN LO HARÁ**?

DESDE LUEGO, ¡NO LOS **DICTADORES CORRUPTOS** QUE **MANDAN** EN SUS PAÍSES!

ADVIERTEN DE QUE LA ALTERNATIVA ES ENTRAR EN UN **CALLEJÓN SIN SALIDA**...

SI LOS TALLERES CLANDESTINOS ESTÁN BIEN, ¿POR QUÉ NO EL **TRABAJO INFANTIL**...

... O LA **VENTA DE ÓRGANOS**...

... O LA CONTRATACIÓN DE EXTRANJEROS PARA **TRABAJAR POR UNA MISERIA EN NUESTROS PAÍSES**?

GRACIAS POR VENDERME SU **RIÑÓN**.

NO HAY PROBLEMA, SOLO NECESITO **UNO**.

... QUE EN ÚLTIMA INSTANCIA PODRÍA LLEGAR A AMENAZAR LAS CONDICIONES LABORALES DE **TODO EL MUNDO**.

LA ÚNICA FORMA DE **COMPETIR** CON LOS TALLERES CLANDESTINOS DEL EXTRANJERO...

... ES **RELAJAR LA PROTECCIÓN DEL TRABAJADOR AQUÍ**, EN CASA.

ES UNA **CARRERA CUESTA ABAJO**.

POR SU PARTE, LOS **PARTIDARIOS DE LOS TALLERES CLANDESTINOS** RESPONDEN QUE LA «EXPLOTACIÓN» PUEDE SER LA **MEJOR OPCIÓN DISPONIBLE** PARA MUCHA GENTE.

¿Y SI LO ÚNICO PEOR QUE **SER EXPLOTADO**...

... ES **NO** SER EXPLOTADO?

EN MICROECONOMÍA VEÍAMOS QUE LOS INDIVIDUOS OPTIMIZADORES EXAMINAN SUS OPCIONES Y **ELIGEN LA MEJOR DE ELLAS**.

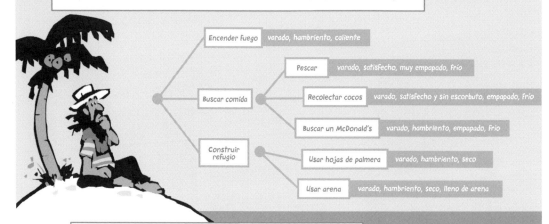

Encender fuego	varado, hambriento, caliente	
	Pescar	varado, satisfecho, muy empapado, frío
Buscar comida	Recolectar cocos	varado, satisfecho y sin escorbuto, empapado, frío
	Buscar un McDonald's	varado, hambriento, empapado, frío
Construir refugio	Usar hojas de palmera	varado, hambriento, seco
	Usar arena	varado, hambriento, seco, lleno de arena

DE MODO QUE, SI ALGUIEN HA ELEGIDO LA **OPCIÓN DE TRABAJAR EN UN TALLER CLANDESTINO**...

... ES PORQUE LAS **DEMÁS OPCIONES** DEBÍAN DE SER **AÚN PEORES**.

LA TRISTE REALIDAD ES QUE MUCHA GENTE EN EL MUNDO VIVE EN UNA POBREZA ABSOLUTA...

¡ODIO **MENDIGAR PARA COMER!**

¡ODIO **EXTRAER CARBÓN!**

¡ODIO **REBUSCAR EN LA BASURA!**

¡ODIO **LA AGRICULTURA DE SUBSISTENCIA!**

... Y, EN COMPARACIÓN, TRABAJAR EN UN TALLER CLANDESTINO PUEDE PARECER FANTÁSTICO.

¿30 CÉNTIMOS LA HORA?

¡ALUCINANTE!
¡ES EL TRABAJO CON EL QUE HABÍA SOÑADO!

Salario: 0,30 $/hora

DE AHÍ QUE ALGUNOS ACTIVISTAS QUE LUCHAN ACÉRRIMAMENTE CONTRA LA POBREZA DEFIENDAN LOS TALLERES CLANDESTINOS.

LOS PAÍSES POBRES NECESITAN **MÁS TALLERES CLANDESTINOS, NO MENOS.**

ES DIFÍCIL HACER QUE LA GENTE MEJORE **LIMITANDO SUS OPCIONES.**

EN ÚLTIMA INSTANCIA, LA CUESTIÓN DE SI LOS TALLERES CLANDESTINOS SON BUENOS O MALOS ES **COMPLICADA**.

SEÑORÍA, NECESITAMOS MÁS TIEMPO.

PARA COMPLICAR AÚN MÁS LAS COSAS, ESTÁ EL PROBLEMA DEL **LOBO CON PIEL DE CORDERO.**

LAS PREOCUPACIONES POR LOS DERECHOS HUMANOS U OTRAS CUESTIONES PUEDEN SER **LEGÍTIMAS**...

... O PUEDEN SER UNA **TAPADERA PARA OCULTAR EL PROTECCIONISMO.**

EN OTRAS PALABRAS, PARTE DE LA OPOSICIÓN A QUE HAYA TALLERES CLANDESTINOS EN LOS **PAÍSES POBRES**...

PIENSEN EN TODA LA POBRE GENTE QUE **SUFRE** EN ESOS TALLERES...

... Y EN SUS **SALARIOS MISERABLES.**

... PROVIENE DE PERSONAS DE **PAÍSES RICOS** A QUIENES LO QUE **DE VERDAD LES PREOCUPA SON SUS PROPIOS EMPLEOS Y BENEFICIOS.**

SI TENEMOS QUE COMPETIR CON LOS TALLERES CLANDESTINOS DEL EXTRANJERO, MIS BENEFICIOS **SE DESPLOMARÁN**...

... Y MI PUESTO DE TRABAJO DESAPARECERÁ.

EL PROBLEMA DEL LOBO CON PIEL DE CORDERO AFECTA A **TODOS LOS ARGUMENTOS SOBRE EL LIBRE COMERCIO.**

¿CÓMO SABEMOS QUE EN REALIDAD NO ESTÁIS PROTEGIENDO VUESTROS PROPIOS INTERESES?

YO ♥ LOS DERECHOS HUMANOS

YO ♥ EL MEDIO AMBIENTE

YO ♥ MI INDUSTRIA NACIENTE

YO ♥ LA SEGURIDAD NACIONAL

EL HECHO ES QUE ALGUNAS EMPRESAS Y TRABAJADORES DE LOS **PAÍSES RICOS** DIRÁN LO QUE SEA CON TAL DE **EVITAR LA COMPETENCIA DE LOS PAÍSES POBRES...**

¡PROTEGER NUESTRA INDUSTRIA ES CRUCIAL PARA LA **SEGURIDAD NACIONAL!**

¡PERO SI USTED NO HACE CAÑONES, SINO **MANTEQUILLA!**

... Y ALGUNAS EMPRESAS Y TRABAJADORES DE LOS **PAÍSES POBRES** DIRÁN LO QUE SEA CON TAL DE **EVITAR LA COMPETENCIA DE LOS PAÍSES RICOS.**

NUESTRA INDUSTRIA NACIONAL DE PAÑALES NECESITA PROTECCIÓN FRENTE A LAS ENORMES CORPORACIONES EXTRANJERAS.

¡PERO SI YA LLEVAN UN MONTÓN DE AÑOS DEFENDIENDO ESA SUPUESTA «INDUSTRIA NACIENTE»...

... Y ESO HACE QUE SUBAN LOS PRECIOS PARA TODOS NUESTROS POBRES CONSUMIDORES!

ESOS ARGUMENTOS SE DERIVAN DE UN **INTERÉS EGOÍSTA Y ESTRECHO DE MIRAS** QUE PUEDE NO COINCIDIR CON EL **BIENESTAR GENERAL.**

ES VERDAD QUE **ELLOS** PUEDEN SALIR PERDIENDO CON EL LIBRE COMERCIO.

PERO EL COMERCIO SIGUE SIENDO ESTUPENDO...

... ¡AL IGUAL QUE EL PROGRESO TECNOLÓGICO!

EN CONJUNTO, EL ARGUMENTO EN DEFENSA DEL LIBRE COMERCIO NO ES EN ABSOLUTO EL ROTUNDO «**MATE**» QUE PRETENDEN LOS ECONOMISTAS CLÁSICOS...

¡ESO NO ES UN MATE **NI DE LEJOS!**

... Y ES RIGUROSAMENTE CIERTO QUE HAY **OTRAS COSAS** QUE LA GENTE DE LOS PAÍSES RICOS PUEDE HACER PARA AYUDAR A LA GENTE DE LOS PAÍSES POBRES.

¡LO VEREMOS EN EL PRÓXIMO CAPÍTULO!

PERO LA MAYORÍA DE LOS ECONOMISTAS SOSTIENEN QUE EL **PESO DE LA PRUEBA** EN EL DEBATE SOBRE EL *LIBRE COMERCIO* **RECAE EN QUIENES SE OPONEN A ÉL.**

CASI SIEMPRE EL **COMERCIO BENEFICIA A TODO EL MUNDO.**

ASÍ QUE, SI TE OPONES A ÉL, TIENES QUE DEMOSTRAR **EN QUÉ NOS PERJUDICA A NOSOTROS O EN QUÉ LES PERJUDICA A ELLOS...**

... ¡Y SI NO PUEDES, QUIZÁ DEBERÍAS **COMPRAR UNA CAMISETA!**

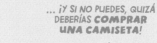

CAPÍTULO 10
COOPERACIÓN INTERNACIONAL

A ALGUNAS PERSONAS DE LOS PAÍSES RICOS SOLO LES INTERESA **SU PROPIO PROGRESO.**

VOY A GANAR UN **MONTÓN DE DINERO...**

SIN EMBARGO, AL PERSEGUIR **SUS PROPIOS INTERESES...**

... CONSTRUYENDO UNA FÁBRICA EN CHINA...

... A MENUDO TERMINAN **AYUDANDO A OTROS.**

... Y CREANDO PUESTOS DE TRABAJO PARA CENTENARES DE TRABAJADORES CHINOS.

ESE ES EL **MILAGRO** DE LA MANO INVISIBLE DE ADAM SMITH.

¡VAYA, PUES GRACIAS POR LOS EMPLEOS Y POR LA INVERSIÓN!

NO ME LAS DEN. ¡SOLO TRATO DE **MAXIMIZAR MI BENEFICIO!**

POR DESGRACIA, LA **HISTORIA** DEMUESTRA QUE EL MUNDO NO HA SEGUIDO EXACTAMENTE LA **VISIÓN QUE ADAM SMITH TENÍA DEL COMERCIO**...

¿**ME** TIENES MIEDO PORQUE **TE** INTIMIDO?

TÚ HAS SIDO EL RESPONSABLE DE LA **ESCLAVITUD**, Y DEL **COLONIALISMO**, Y DE LAS **GUERRAS DEL OPIO**, Y DE...

... Y ESA ES SOLO UNA DE LAS RAZONES POR LAS QUE ALGUNAS PERSONAS **QUIEREN HACER MÁS** POR AYUDAR A LOS PAÍSES POBRES.

UN **DÓLAR EXTRA** SIGNIFICA MUCHO MÁS PARA ELLOS QUE PARA NOSOTROS.

SI SE CAMBIARAN LAS TORNAS, NOSOTROS QUERRÍAMOS QUE ELLOS HICIERAN MÁS POR AYUDARNOS.

LA **PRIMERA LECCIÓN IMPORTANTE** PARA LOS QUE QUIEREN AYUDAR...

¡VOY A **SALVAR EL MUNDO**!

¡ESPERA, TE OLVIDAS DE ALGO!

... ES LA **HUMILDAD**.

NO SIEMPRE BASTAN LAS **BUENAS INTENCIONES** PARA OBTENER **BUENOS RESULTADOS**.

CONFÍA EN MÍ: NECESITARÁS ESTO.

UN BUEN EJEMPLO ES EL RELACIONADO CON **RECURSOS NATURALES** COMO LOS **CALADEROS**.

LOS CALADEROS SON UN CASO CLÁSICO DE LA **TRAGEDIA DE LOS COMUNES**...

EL INTERÉS PROPIO NOS LLEVA A CADA UNO DE NOSOTROS A **PESCAR LO MÁXIMO POSIBLE**...

... HASTA QUE YA **NO** QUEDAN MÁS PECES QUE PESCAR.

... Y LOS ECONOMISTAS SOLÍAN PENSAR QUE TENÍAN **TODAS** LAS RESPUESTAS.

EL ESTADO TIENE QUE EVITAR LA SOBREPESCA MEDIANTE UNA **REGULACIÓN**...

... COMO UN **LÍMITE DE CAPTURAS** O UN **SISTEMA DE PERMISOS NEGOCIABLES**.

PERO RESULTA QUE LA TRAGEDIA DE LOS COMUNES **NO ES INEVITABLE**.

CREÍAIS SABERLO **TODO**...

... PERO PENSADLO DE NUEVO.

EN ALGUNAS PARTES DEL MUNDO, LAS **COMUNIDADES LOCALES** HAN LOGRADO PROTEGER SUS PROPIOS CALADEROS.

¡EL QUE DINAMITE LA BAHÍA **SERÁ EXPULSADO DEL CLAN!**

¡AL QUE PESQUE EN LA CALA DE OTRA FAMILIA **SE LE CORTARÁ EL SEDAL!**

LAS **NORMAS** DE NUESTRA **COMUNIDAD** SON RESPETAR A LOS ANCIANOS...

... Y TAMBIÉN **NUESTROS RECURSOS NATURALES.**

ELINOR OSTROM COMPARTIÓ EL PREMIO NOBEL EN 2009 POR ESTUDIAR TODAS ESAS **BRILLANTES SOLUCIONES LOCALES.**

HAY **MUCHAS FORMAS** DE **DESCAMAR PESCADO.**

¡ENHORABUENA! ¡HA GANADO EL **PREMIO NOBEL!**

SUS INVESTIGACIONES AYUDAN A EXPLICAR POR QUÉ LA COOPERACIÓN INTERNACIONAL ES **UN DELICADO EJERCICIO DE MALABARISMO.**

A VECES LOS CONSEJOS DE LOS EXTRANJEROS HACEN QUE LAS COSAS **MEJOREN...**

..., Y A VECES HACEN QUE **EMPEOREN.**

Humildad

Consecuencias imprevistas

¿QUÉ TAL LES VA EL **COLCHÓN** QUE LES DI?

PRIMERO NUESTRA **VACA** SE COMIÓ PARTE DE ÉL Y SE **MURIÓ**...

... LUEGO EL RESTO **SE PRENDIÓ FUEGO** ACCIDENTALMENTE Y SE **NOS QUEMÓ LA CASA**.

ASÍ QUE AHORA, GRACIAS A USTED, ¡NO TENEMOS **NADA**!

... NO ES EXTRAÑO QUE AYUDAR A TODA UNA **ECONOMÍA EN APUROS** RESULTE TAMBIÉN DIFÍCIL.

¿ESTÁN CONTENTOS DE QUE LES ACONSEJARA **CULTIVAR CAFÉ PARA EXPORTAR**?

BUENO, OLVIDÓ MENCIONAR QUE LOS **PRECIOS DEL CAFÉ SE DESPLOMARÍAN EN TODO EL MUNDO**...

... Y QUE TENDRÍAMOS UNA **ENORME SEQUÍA**.

ASÍ QUE, SI TIENE ALGUNA GRAN IDEA MÁS, ¡POR FAVOR, **GUÁRDESELA**!

EN PARTE, ESTO SE DEBE A LOS **DIVERSOS PROBLEMAS** QUE PUEDEN OBSTACULIZAR LOS INTENTOS DE REFORMA.

TODAS LAS ECONOMÍAS FELICES SON IGUALES...

... PERO CADA ECONOMÍA INFELIZ **LO ES A SU MANERA**.

EL DELICADO EJERCICIO DE MALABARISMO DE LA COOPERACIÓN INTERNACIONAL RESULTA EVIDENTE INCLUSO EN PROGRAMAS COMO LOS **MICROCRÉDITOS**...

¿PODRÍA PRESTARME 2 $ PARA MONTAR UN NEGOCIO DE **VENTA DE TORTAS DE ARROZ**?

¡POR SUPUESTO!

SOY EL **BANQUERO DE LOS POBRES.**

... QUE EL ECONOMISTA **MUHAMMAD YUNUS** PUSO EN MARCHA EN SU BANGLADÉS NATAL.

A UN BANCO NORMAL **NO PUEDES PEDIRLE DINERO PRESTADO** SIN UN AVAL...

... Y SI LO ÚNICO QUE TIENES ES CALDERILLA, **NI SIQUIERA PUEDES ABRIR UNA CUENTA DE AHORRO.**

¡PERO EL **BANCO GRAMEEN** ES DISTINTO!

EL ÉXITO DE LOS MICROCRÉDITOS LES VALIÓ A YUNUS Y A SU **BANCO GRAMEEN** EL PREMIO NOBEL DE LA PAZ EN 2006...

¿NO TIENE AVALES? ¿NO TIENE CRÉDITO? ¡NO HAY **PROBLEMA**!

¡ENHORABUENA! ¡HA GANADO EL **PREMIO NOBEL**!

... PERO CUANDO SE TRATA DE COOPERACIÓN INTERNACIONAL, **NUNCA FALTA LA POLÉMICA.**

¿COBRAN EL **20%** DE INTERÉS?

¡ESO ES UN ATRACO!

¿PREFERIRÍA QUE **NO** LE PRESTARAN EN **ABSOLUTO**?

QUIZÁ EL ASPECTO **MÁS CONTROVERTIDO** DE LA COOPERACIÓN INTERNACIONAL ES LA **CONDICIONALIDAD**.

NOSOTROS LE AYUDAREMOS...

... PERO SOLO **SI**...

¿SI QUÉ?

POR UNA PARTE, LOS PROGRAMAS DE **AYUDA CONDICIONAL NO IMPLICAN DEMASIADA HUMILDAD**...

... **SI HACE LO QUE LE DIGAMOS**.

¡ESO ES **INSULTANTE**!

¿QUÉ SE CREE QUE SOY? ¿SU **MARIONETA**?

... ESPECIALMENTE CUANDO SE COMPARAN CON LA **AYUDA INCONDICIONAL**, COMO LA **ATENCIÓN MÉDICA**.

NO PUEDO ARREGLARLO **TODO**...

... PERO PUEDO ARREGLAR SU BRAZO ROTO.

POR OTRA PARTE, ES IMPROBABLE QUE LOS PAÍSES RICOS Y LAS INSTITUCIONES INTERNACIONALES...

... COMO EL **FONDO MONETARIO INTERNACIONAL (FMI)**, QUE PROPORCIONA CRÉDITOS DE EMERGENCIA A LOS PAÍSES EN APUROS...

... Y EL **BANCO MUNDIAL**, QUE PROPORCIONA CRÉDITOS AL DESARROLLO...

... SE LIMITEN A DAR DINERO **SIN CONTRAPARTIDA ALGUNA**.

ES **NUESTRO DINERO**...

... Y QUEREMOS VER QUE SE GASTA CON **PRUDENCIA**.

LOS ESPECIALISTAS EN **ECONOMÍA DEL DESARROLLO** SE ESFUERZAN EN ABORDAR TODOS ESOS RETOS Y MEJORAR LA COOPERACIÓN INTERNACIONAL.

Consecuencias imprevistas

Corrupción

Humildad

Conflicto armado

Condicionalidad

Desigualdad

UNA VEZ QUE EMPIEZAS A PENSAR EN LA POBREZA GLOBAL, ES **DIFÍCIL PENSAR EN OTRA COSA.**

LA INVESTIGACIÓN ECONÓMICA ABARCA DESDE LOS EXPERIMENTOS REALIZADOS POR GRUPOS COMO LA ORGANIZACIÓN **INNOVACIONES PARA LA ACCIÓN CONTRA LA POBREZA** O EL **LABORATORIO DE ACCIÓN CONTRA LA POBREZA** DEL **MIT...**

VEAMOS SI LOS ESTUDIANTES APRENDEN MÁS CUANDO TIENEN EL MATERIAL ESCOLAR **GRATIS.**

VEAMOS SI LA GENTE UTILIZA MÁS LAS MOSQUITERAS ANTIMALARIA **CUANDO TIENE QUE PAGARLAS.**

... HASTA DIVERSOS ESTUDIOS SOBRE PROGRAMAS CONTRA LA POBREZA APLICADOS EN CADA PAÍS, COMO EL PROGRAMA **OPORTUNIDADES** DE MÉXICO.

NUESTRA POBRE FAMILIA RECIBE DINERO DEL ESTADO...

... PERO SOLO **SI** NUESTROS HIJOS ASISTEN REGULARMENTE A LA ESCUELA Y SE REALIZAN CHEQUEOS PERIÓDICOS.

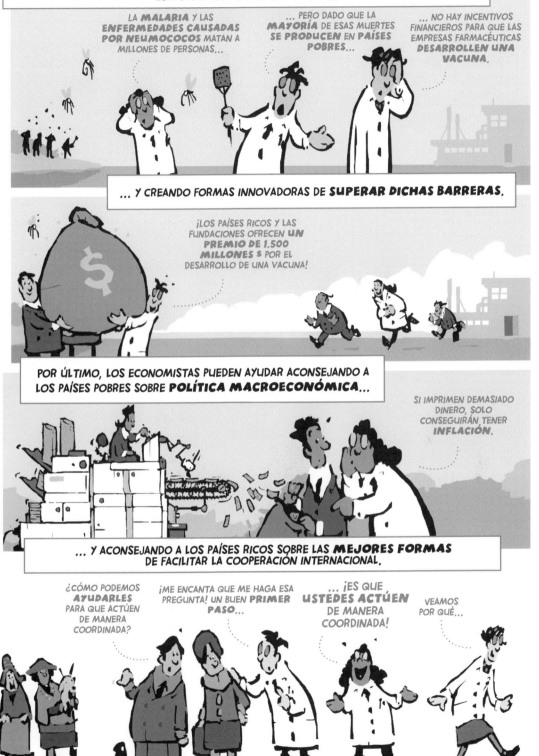

CUANDO SE TRATA DE COOPERACIÓN INTERNACIONAL, MUCHOS ECONOMISTAS SE **OBSESIONAN** EN CONSEGUIR QUE LOS **PAÍSES RICOS REDUZCAN SUS BARRERAS COMERCIALES.**

¡AARGH!

¿POR QUÉ NO QUIEREN ESCUCHAR A **ADAM SMITH**?

ESTO RESULTA ESPECIALMENTE CIERTO EN **AGRICULTURA**, UN SECTOR EN EL QUE LOS PAÍSES POBRES A MENUDO TIENEN UNA **VENTAJA COMPARATIVA.**

EN UNA LUCHA JUSTA, NUESTRA **MANO DE OBRA BARATA...**

... SUPERA A SU **SOFISTICADA TECNOLOGÍA.**

POR DESGRACIA, MUCHOS PAÍSES RICOS PRACTICAN EL **PROTECCIONISMO...**

Barrera comercial

¡NO PASAR!

... Y PROPORCIONAN **SUBVENCIONES A SUS PROPIOS PRODUCTORES.**

AQUÍ TIENE DINERO PARA AYUDARLE A **COMPETIR CON TODA SU MANO DE OBRA BARATA.**

ESAS POLÍTICAS PROPORCIONAN **BENEFICIOS OBVIOS** A LOS AGRICULTORES DE LOS PAÍSES RICOS...

¡LLUEVE DINERO!

... PERO LAS BARRERAS COMERCIALES **PERJUDICAN A LOS CONSUMIDORES DE ESOS MISMOS PAÍSES RICOS**...

RESTRINGIR LA COMPETENCIA INTERNACIONAL...

... SIGNIFICA QUE YO TENGO QUE PAGAR **MÁS** EN EL SUPERMERCADO.

NUEVA OFERTA

ANTIGUA OFERTA

... Y LAS SUBVENCIONES **PERJUDICAN A LOS CONTRIBUYENTES DE ESOS MISMOS PAÍSES RICOS**.

¡CADA DÓLAR GASTADO EN SUBVENCIONES AGRARIAS **SALE DE MI BOLSILLO!**

Y LO QUE QUIZÁ ES PEOR DE TODO: ESAS POLÍTICAS **PERJUDICAN TAMBIÉN A LOS AGRICULTORES DE LOS PAÍSES POBRES.**

PODEMOS GANAR EN UNA **LUCHA JUSTA**...

... PERO NO CUANDO TENEMOS TODAS LAS CARTAS EN CONTRA.

CUANDO SE CONSIDERA QUE LO QUE EN LOS PAÍSES RICOS EL ESTADO GASTA **EN SUS PROPIOS AGRICULTORES...**

AQUÍ TIENE UNOS CUANTOS **HUEVOS DE ORO.**

... ES, COMO MEDIA, **4 VECES MÁS** DE LO QUE GASTA EN **COOPERACIÓN INTERNACIONAL...**

AQUÍ TIENE UNOS CUANTOS **HUEVOS.**

... NO ES EXTRAÑO QUE MUCHOS ECONOMISTAS CREAN QUE **UNA DE LAS MEJORES FORMAS DE AYUDA** ES **EL COMERCIO.**

SI QUIERE AYUDAR A LOS PAÍSES POBRES...

... ¡HAGA QUE SEA MÁS FÁCIL COMPRARLES COSAS!

CAPÍTULO 11
DIVISAS

LOS PAÍSES UTILIZAN **DISTINTAS MONEDAS.**

EN ESTADOS UNIDOS UTILIZAMOS EL **DÓLAR.**

EN LA INDIA UTILIZAMOS LA **RUPIA.**

EN MUCHOS PAÍSES DE EUROPA UTILIZAMOS EL **EURO.**

ESTO PUEDE COMPLICAR EL **COMERCIO INTERNACIONAL...**

150 $ ES MI ÚLTIMA OFERTA!

NO VOY A PAGAR MÁS DE **7.500 ₹**

YO TE DOY **120 €**

ES COMO SI LOS TRES HABLARAN **IDIOMAS DISTINTOS.**

... PERO HAY UNA **SOLUCIÓN.**

¡MÁS COMERCIO!

EL **MERCADO DE DIVISAS** ES EL LUGAR DONDE LA GENTE INTERCAMBIA **UNAS MONEDAS** POR **OTRAS.**

QUIERO CAMBIAR **RUPIAS** POR **DÓLARES.**

YO QUIERO CAMBIAR **DÓLARES** POR **RUPIAS.**

¿ALGUIEN QUIERE CAMBIAR **PESOS** POR **YENES?**

EN MUCHOS ASPECTOS, EL MERCADO DE DIVISAS ES **IGUAL QUE CUALQUIER OTRO MERCADO...**

COMO EL MERCADO DE **MANZANAS...**

... O EL MERCADO DE **COCHES...**

... O EL MERCADO DONDE **SE PRESTA Y SE PIDE PRESTADO DINERO.**

... ¡TODO TIENE QUE VER CON **LA OFERTA Y LA DEMANDA!**

POR EJEMPLO: HAY PERSONAS QUE QUIEREN CAMBIAR **DÓLARES** POR **RUPIAS...**

... Y HAY OTRAS QUE QUIEREN CAMBIAR **RUPIAS** POR **DÓLARES...**

QUIERO COMPRAR ACCIONES DE UNA EMPRESA INDIA...

... ¡ASÍ QUE MEJOR CONSIGO MONEDA INDIA!

QUIERO IRME DE VACACIONES A NUEVA YORK...

... ¡ASÍ QUE MEJOR CONSIGO DINERO ESTADOUNIDENSE!

... Y EL RESULTADO ES EL **TIPO DE CAMBIO.**

EN 2012, POR EJEMPLO, EL TIPO DE CAMBIO ERA DE UNAS **50 ₹ POR 1 $.**

O, LO QUE ES LO MISMO, DE ALREDEDOR DE **0,02 $ POR 1 ₹.**

LOS TIPOS DE CAMBIO SE DENOMINAN **FLOTANTES** O **FLEXIBLES** CUANDO FLUCTÚAN SEGÚN LA OFERTA Y LA DEMANDA DEL MERCADO.

NOS MOVEMOS CON LOS VIENTOS Y EL OLEAJE.

RESULTA TENTADOR PENSAR QUE ES **BUENO** QUE TU MONEDA SE **FORTALEZCA**...

SI, POR EJEMPLO, **UN DÓLAR** SOLÍA CAMBIARSE POR **0,8 EUROS**...

... PERO AHORA SE CAMBIA POR **1,2 EUROS**...

... ENTONCES ES QUE EL DÓLAR **SE HA FORTALECIDO FRENTE AL EURO**.

... Y QUE ES **MALO** QUE TU MONEDA SE **DEBILITE**...

SI, POR EJEMPLO, **UN DÓLAR** SOLÍA CAMBIARSE POR **0,8 EUROS**...

... PERO AHORA SE CAMBIA POR **0,6 EUROS**...

... ENTONCES ES QUE EL DÓLAR **SE HA DEBILITADO FRENTE AL EURO**.

... PERO LA VERDAD ES QUE LAS FLUCTUACIONES DEL TIPO DE CAMBIO CREAN **TANTO GANADORES COMO PERDEDORES**.

¡**MI MONEDA** ES MÁS FUERTE QUE LA TUYA! ¡BUUU, BUUU!

¡ESO ES JUSTO LO QUE YO QUERÍA! ¡BUUU, BUUU!

LAS FLUCTUACIONES DEL TIPO DE CAMBIO TIENEN EFECTOS DISTINTOS EN LOS **EXPORTADORES**...

... QUE EN LOS **IMPORTADORES**.

SI TODO LO DEMÁS SE MANTIENE IGUAL, PREFIERO UN DÓLAR MÁS **DÉBIL**...

... PORQUE CUANDO VENDO MIS PRODUCTOS EN EUROS, SIGNIFICA QUE GANO MÁS EN DÓLARES.

SI TODO LO DEMÁS SE MANTIENE IGUAL, PREFIERO UN DÓLAR **MÁS FUERTE**...

... PORQUE CUANDO COMPRO MIS PRODUCTOS EN EUROS, SIGNIFICA QUE GASTO MENOS EN DÓLARES.

DEL MISMO MODO QUE LAS **FLUCTUACIONES DE LA TASA DE INFLACIÓN** TIENEN EFECTOS DISTINTOS EN LOS **PRESTATARIOS**...

... QUE EN LOS **PRESTAMISTAS**.

UNA INFLACIÓN INESPERADA **REDUCIRÍA EL TAMAÑO DE MIS DEUDAS** EN TÉRMINOS REALES.

PUEDE QUE A ELLA LA INFLACIÓN LA AYUDE...

... PERO YO ESTOY EN LA SITUACIÓN CONTRARIA.

SIN EMBARGO, AL IGUAL QUE CON LA INFLACIÓN, DEMASIADA **CONFUSIÓN E INCERTIDUMBRE** PUEDE SER **MALA PARA TODO EL MUNDO**.

¡ME DA VUELTAS LA CABEZA!

UNA FORMA DE EVITAR LA CONFUSIÓN Y LA INCERTIDUMBRE ES TENER **TIPOS DE CAMBIO FIJOS...**

A LOS TIPOS DE CAMBIO FIJOS TAMBIÉN SE LOS DENOMINA **VINCULADOS.**

... PERO ESO REQUIERE LA **INTERVENCIÓN DEL ESTADO.**

¡AH DEL BARCO! ¡SOY POLÍTICA-MONETARIA-MAN...

... Y ESTOY AQUÍ PARA **ANCLAR** EL **TIPO DE CAMBIO!**

IGUAL QUE UN BANCO CENTRAL PUEDE COMPRAR Y VENDER **ACTIVOS** PARA INFLUIR EN LOS **TIPOS DE INTERÉS...**

LO HEMOS VISTO EN EL CAPÍTULO 3.

... TAMBIÉN PUEDE COMPRAR Y VENDER **DIVISAS** PARA INFLUIR EN LOS **TIPOS DE CAMBIO.**

DESPLAZANDO EL PESO **HACIA UN LADO O EL OTRO...**

... PUEDO MANTENER EL TIPO DE CAMBIO **FIJO.**

POR EJEMPLO, HASTA 1994 **MÉXICO** MANTUVO SU **PESO** VINCULADO AL **DÓLAR ESTADOUNIDENSE.**

POR DESGRACIA, **MANTENER FIJOS LOS TIPOS DE CAMBIO PUEDE RESULTAR COMPLICADO.**

MÉXICO APRENDIÓ ESA LECCIÓN CON **DOLOR.**

EN 1994 HUBO MONTONES DE PERSONAS QUE QUISIERON **VENDER PESOS MEXICANOS** Y **COMPRAR DÓLARES ESTADOUNIDENSES...**

... DE MODO QUE, PARA PODER MANTENER EL TIPO DE CAMBIO FIJO, EL ESTADO MEXICANO TUVO QUE **HACER LO CONTRARIO.**

QUEREMOS VENDER PESOS POR DÓLARES.

VALE, PARA MANTENER LAS COSAS NIVELADAS YO VENDERÉ DÓLARES POR PESOS.

PERO CUANDO ESTA TENDENCIA SIGUIÓ...

SÍ, PUEDO VENDERLE DÓLARES.

... Y SIGUIÓ...

SÍ, PUEDO VENDERLE DÓLARES.

... Y SIGUIÓ...

SÍ, PUEDO VENDERLE DÓLARES.

... A LA LARGA SE PRODUJO UNA **CRISIS MONETARIA.**

¡HUM! YA NO NOS QUEDAN DÓLARES QUE VENDER.

¡Y DESPUÉS HABLAN DE MANTENER EL TIPO DE CAMBIO **ESTABLE!**

PARA MANTENER LOS TIPOS DE CAMBIO ESTABLES, ALGUNOS PAÍSES HAN RECURRIDO A **MEDIDAS EXTREMAS.**

¡MENUDO **ALBOROTO!**

¡NO LO AGUANTO MÁS!

POR EJEMPLO, EN EL AÑO 2000 ECUADOR **ABANDONÓ POR COMPLETO SU PROPIA MONEDA** EN FAVOR DEL DÓLAR ESTADOUNIDENSE.

¿QUIÉN ES **JORGE WASHINGTON?**

EL OBJETIVO DE ECUADOR ERA **GANAR ESTABILIDAD...**

YA NO TENEMOS FLUCTUACIONES EN EL TIPO DE CAMBIO CON NUESTRO PRINCIPAL SOCIO COMERCIAL...

... ¡Y CABE ESPERAR QUE EL GOBIERNO ESTADOUNIDENSE TAMBIÉN MANTENGA LA INFLACIÓN BAJO CONTROL!

... PERO EL PRECIO FUE UNA **PÉRDIDA DE INDEPENDENCIA.**

... EN LA RIQUEZA Y EN LA POBREZA...

... PERO ¡CONFÍO EN QUE SEA **EN LA RIQUEZA!**

OTRO EJEMPLO EXTREMO ES EL DE LOS PAÍSES EUROPEOS QUE **SE UNIERON** EN 1999...

... PARA ADOPTAR UNA **MONEDA ÚNICA**.

AU REVOIR, **FRANC**!

AUF WIEDERSEHEN, **MARK**!

¡ADIÓS, **PESETA**!

CIAO, **LIRA**!

¡HOLA, **EURO**!

DE NUEVO, EL BENEFICIO FUE **ELIMINAR** LAS DIFICULTADES ASOCIADAS A TENER MÚLTIPLES MONEDAS...

NOS VAMOS DE LUNA DE MIEL A FRANCIA, ITALIA Y ALEMANIA...

... ¡Y **NO TENDREMOS QUE CAMBIAR MONEDA**!

... Y, DE NUEVO, EL COSTE FUE UNA **PÉRDIDA DE INDEPENDENCIA** PARA ESAS ECONOMÍAS EUROPEAS.

¡EH!, ¿QUIÉN ME ESTÁ PISANDO EL PIE?

147

PUEDE RESULTAR DIFÍCIL SOPESAR LOS **COSTES Y BENEFICIOS** DE UNA **UNIÓN MONETARIA**...

¿MERECE LA PENA ESTE MATRIMONIO?

... DE AHÍ QUE **ROBERT MUNDELL** GANARA EL PREMIO NOBEL EN 1999 POR SU TRABAJO SOBRE LAS **ZONAS MONETARIAS ÓPTIMAS**.

¡LLAMADME **DOCTOR AMOR**!

¡ENHORABUENA! ¡HA GANADO EL **PREMIO NOBEL**!

NO ES EXTRAÑO QUE EL TRABAJO DE MUNDELL HAGA HINCAPIÉ EN LA IMPORTANCIA DE LA **UNIDAD**...

SI **YA SE ESTÁN MOVIENDO AL UNÍSONO**, UNA UNIÓN MONETARIA TIENE SENTIDO.

EN CASO CONTRARIO, PODRÍA ACARREAR **GRANDES PROBLEMAS**.

... PERO TAMBIÉN SUBRAYA LA IMPORTANCIA DE LA **MOVILIDAD DEL TRABAJO Y DEL CAPITAL**.

SI UNA ZONA ESTÁ EN EXPANSIÓN Y OTRA EN RECESIÓN...

... LA GENTE Y LOS RECURSOS SE TIENEN QUE PODER **DESPLAZAR**.

LA MAYOR SORPRESA QUE REVELÓ EL TRABAJO DE MUNDELL ES LA RELATIVA A UN TRÍO CONOCIDO COMO LA **TRINIDAD IMPOSIBLE:**

LIBRE CAMBIO MONETARIO

LA GENTE DEBERÍA PODER **COMPRAR Y VENDER MONEDAS...** ... SIN RESTRICCIONES POR PARTE DEL ESTADO.

POLÍTICA MONETARIA INDEPENDIENTE

QUEREMOS TENER LA POSIBILIDAD DE ACELERAR O RALENTIZAR NUESTRA ECONOMÍA **ALTERANDO LA OFERTA DE DINERO.**

TIPOS DE CAMBIO FIJOS

NO QUEREMOS **CONFUSIÓN NI INESTABILIDAD.**

PODER TENER LAS TRES COSAS **PARECE GENIAL**, PERO RESULTA SER UNA TRINIDAD IMPOSIBLE PORQUE, DE HECHO, SOLO SE PUEDEN TENER **DOS DE LAS TRES.**

DEL MISMO MODO EN QUE SOLO SE PUEDEN TENER **DOS DE TRES** EN OTRAS MUCHAS COSAS:

QUIERO **SER UN TELEADICTO...**

... Y **COMER TONELADAS DE DONUTS...**

... Y **MANTENER MI PESO BAJO CONTROL.**

QUIERO **IMPUESTOS REDUCIDOS...**

... **MONTONES DE SERVICIOS PÚBLICOS...**

... Y UN **PRESUPUESTO EQUILIBRADO.**

LO SIENTO, PERO TENDRÁ QUE **RENUNCIAR A UNA** DE LAS TRES.

EN ÚLTIMA INSTANCIA, LOS PAÍSES ELIGEN **COMBINACIONES DISTINTAS** DE LA TRINIDAD IMPOSIBLE.

CHINA RESTRINGE EL LIBRE CAMBIO DE SU MONEDA.

ECUADOR RENUNCIA AL CONTROL DE SU POLÍTICA MONETARIA.

ESTADOS UNIDOS Y CANADÁ PERMITEN QUE SUS TIPOS DE CAMBIO FLUCTÚEN.

CUÁL DE ELLAS ELEGIR **NO ES TAREA FÁCIL**...

SOLO NOS QUEDAN **CINCO MINUTOS**...

... QUE SON **CUATRO MINUTOS CANADIENSES**.

Consejero matrimonial: 45 $/hora.

... Y, COMO OCURRE CON EL MATRIMONIO, **NO SIEMPRE HAY UNA RESPUESTA CORRECTA**.

OTRAS MONEDAS...

... ¡NO PUEDO VIVIR **CON ELLAS**! ¡NO PUEDO VIVIR **SIN ELLAS**!

TERCERA PARTE
MACROECONOMÍA GLOBAL

CAPÍTULO 12
¿EL FIN DEL CICLO ECONÓMICO?

¿VEREMOS **ALGUNA VEZ** EL FIN DEL CICLO ECONÓMICO?

¡CUIDADO CON LO QUE PIDES!

EN EL CAPÍTULO 2 SEÑALÁBAMOS QUE LA DIFERENCIA ENTRE UNA **RECESIÓN** Y UNA **DEPRESIÓN**...

... ES COMO LA DIFERENCIA ENTRE ESTAR **ENFERMO**...

VÓMITOS, URTICARIA, FORÚNCULOS, FIEBRE...

... Y ESTAR **EN EL LECHO DE MUERTE.**

¿NO TENDRÍAMOS QUE LLAMAR A UN ECONOMISTA?

NO TE MOLESTES, MEJOR LLAMA A UN SACERDOTE.

OBVIAMENTE, EXISTE UNA DEFINICIÓN FORMAL DE **RECESIÓN.**

UN **DESCENSO SIGNIFICATIVO DE LA ACTIVIDAD ECONÓMICA**...

... EXTENDIDO A TODO EL CONJUNTO DE LA ECONOMÍA...

... QUE DURA MÁS DE POCOS MESES.

¡COF, COF, COF!

NO HAY NINGUNA **REGLA FORMAL** PARA DETERMINAR CUÁNDO UNA MALA RECESIÓN SE CONVIERTE EN DEPRESIÓN, PERO SÍ UN **CHISTE ECONÓMICO CRUEL.**

EN UNA RECESIÓN, **USTED PIERDE SU TRABAJO**...

... EN UNA DEPRESIÓN, **YO PIERDO EL MÍO.**

A FINALES DEL SIGLO XX, ECONOMISTAS COMO **ROBERT LUCAS** EXPRESARON UNA GRAN CONFIANZA EN QUE **LAS DEPRESIONES ERAN YA COSA DEL PASADO**.

«[EL] PROBLEMA CENTRAL DE LA PREVENCIÓN DE LA DEPRESIÓN **SE HA SOLUCIONADO**.»

¡ENHORABUENA! ¡HA GANADO EL **PREMIO NOBEL**!

Y NO ERA EXTRAÑO: MÁS DE **DOS DÉCADAS** DE INFLACIÓN BAJA, POCO DESEMPLEO Y UN CRECIMIENTO RELATIVAMENTE CONSTANTE EN LOS PAÍSES RICOS...

LLAMÉMOSLO LA **GRAN MODERACIÓN**.

O LA **ECONOMÍA DE RICITOS DE ORO**.

NI DEMASIADO CALIENTE NI DEMASIADO FRÍO, ¡JUSTO EN SU PUNTO!

... DIERON LA IMPRESIÓN DE QUE EL **FIN DEL CICLO ECONÓMICO** ESTABA **AL ALCANCE DE LA MANO**.

¡PARECE QUE **NUNCA VOLVERÁ A ESTAR ENFERMO**!

PERO ENTONCES LLEGÓ LA **CRISIS FINANCIERA** DE 2008...

AUNQUE, PENSÁNDOLO BIEN...

... Y DE REPENTE LA GRAN DEPRESIÓN NO PARECÍA HABER **PASADO A LA HISTORIA**.

1929–1933

2007–2009

DESCENSO DEL PIB REAL

27%

5%

NIVEL MÁXIMO DE LA TASA DE PARO

25%

10%

DESCENSO DEL COMERCIO INTERNACIONAL

20%

36%

DURACIÓN DE LA RECESIÓN

43 MESES SIN CRECIMIENTO ECONÓMICO.

¿18 MESES?
¡PAN COMIDO!

NUMEROSOS FACTORES CONTRIBUYERON A LA GRAN DEPRESIÓN...

HIPOTERMIA, GANGRENA, HIPOXIA, DESNUTRICIÓN...

... PERO EL PRIMERO DE LA LISTA FUE UNA **MALA POLÍTICA MONETARIA** POR PARTE DE LA RESERVA FEDERAL ESTADOUNIDENSE.

¡VAMOS A **OPERARLE!**

COMO VEÍAMOS EN EL CAPÍTULO 3, LA FORMA DE ESTIMULAR LA ECONOMÍA ES **RELAJAR** LA POLÍTICA MONETARIA...

... PERO LA RESERVA FEDERAL, QUE SE HABÍA CREADO SOLO UNOS AÑOS ANTES, **HIZO JUSTO LO CONTRARIO.**

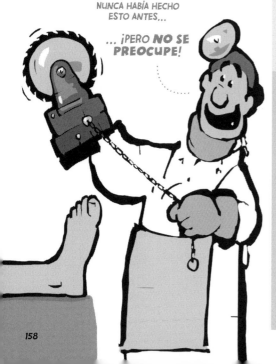

NUNCA HABÍA HECHO ESTO ANTES...

... ¡PERO **NO SE PREOCUPE!**

¿ME ESTÁ DICIENDO QUE NO TENDRÍA QUE **HABERLE AMPUTADO LA PIERNA IZQUIERDA?**

CLÁSICO **ERROR DE NOVATO.**

EN CAMBIO, LA RESPUESTA DE LA RESERVA FEDERAL A LA «GRAN RECESIÓN» FUE **TOMAR MEDIDAS** PARA **ESTIMULAR EL CRÉDITO Y EL GASTO...**

ESTA VEZ...

... ¡NADA DE ERRORES DE NOVATO!

FED

...Y, DE HECHO, LA RESERVA FEDERAL REDUJO LOS TIPOS DE INTERÉS HASTA EL **LÍMITE INFERIOR CERO.**

PUEDE TOMAR PRESTADO DINERO AL **0% DE INTERÉS.**

¡POR FAVOR, CÓJALO!

TENTADOR, PERO AÚN NO ESTOY SEGURO DE QUE MEREZCA LA PENA.

UNO DE LOS GRANDES DEBATES EN TORNO A LA CRISIS DE 2008 EN ESTADOS UNIDOS ES SI LA RESERVA FEDERAL **PODRÍA HABER HECHO MÁS...**

¡HEMOS LLEGADO A CERO! ¡NO PODEMOS BAJAR MÁS!

QUIZÁ HAYA LLEGADO EL MOMENTO DE SER CREATIVO Y ADOPTAR UN **ENFOQUE POCO CONVENCIONAL.**

... O SI LA POLÍTICA MONETARIA HABÍA ENCONTRADO UN **FORMIDABLE ADVERSARIO.**

QUIZÁ TENDRÍAMOS QUE PEDIR AYUDA A LA **POLÍTICA FISCAL.**

¿HE OÍDO A ALGUIEN PRONUNCIAR MI NOMBRE?

159

POR DESGRACIA, DURANTE LA **GRAN DEPRESIÓN** EL GOBIERNO ESTADOUNIDENSE TAMBIÉN **HIZO UNA CHAPUZA CON LA POLÍTICA FISCAL.**

¡VALE, ESTA VEZ HE CORTADO LA **PIERNA DERECHA!**

¡PERO SI ESTÁ AQUÍ PARA **OPERARSE DEL CORAZÓN!**

LA ORTODOXIA ECONÓMICA DE LA ÉPOCA FAVORECÍA LOS **PRESUPUESTOS EQUILIBRADOS...**

EN AQUELLOS TIEMPOS DIFÍCILES TENÍAMOS QUE **VIVIR DENTRO DE NUESTRAS POSIBILIDADES.**

ESTOY DE ACUERDO: ¡LA ECONOMÍA ES COMO UNA **FAMILIA BIEN ORGANIZADA!**

... Y LA VISIÓN DE **JOHN MAYNARD KEYNES...**

EN REALIDAD, ¡LA ECONOMÍA ES COMO UNA FAMILIA **DESESTRUCTURADA!**

... SE CONSIDERABA UNA **HEREJÍA.**

¡AQUÍ EL ÚNICO DESESTRUCTURADO **ES USTED!**

¡TENEMOS QUE EQUILIBRAR EL PRESUPUESTO **REDUCIENDO EL GASTO** Y **SUBIENDO LOS IMPUESTOS!**

HOY EN DÍA, LA IDEA KEYNESIANA DEL **ESTÍMULO FISCAL** RESULTA BASTANTE **MAYORITARIA...**

LO **MEJOR** ES FINANCIAR INVERSIONES PÚBLICAS ÚTILES...

... INCLUSO **PAGAR A LA GENTE** POR CAVAR HOYOS EN EL SUELO SERÍA MEJOR QUE NADA.

... Y LAS **LEYES DE ESTÍMULO** Y **LAS REDUCCIONES DE IMPUESTOS APLICADAS EN ESTADOS UNIDOS EN 2008-2009** PROCEDÍAN DIRECTAMENTE DEL **MANUAL KEYNESIANO.**

SI LA POLÍTICA MONETARIA NO FUNCIONA, TIENE QUE PROBAR EL ESTÍMULO FISCAL.

LA MAYORÍA DE LOS ECONOMISTAS COINCIDEN EN QUE, SIN ESAS POLÍTICAS, LA RECESIÓN DE 2008 HABRÍA SIDO **AÚN PEOR...**

DURANTE UN TIEMPO PARECIÓ QUE SE REPETÍA LO DE 1929.

... DEL MISMO MODO QUE MUCHOS ECONOMISTAS CREEN QUE EL **ENORME GASTO DEFICITARIO** EN QUE INCURRIÓ ESTADOS UNIDOS DURANTE LA SEGUNDA GUERRA MUNDIAL AYUDÓ A PONER FIN A LA GRAN DEPRESIÓN.

YO HABRÍA PREFERIDO LIMITARME A **CAVAR HOYOS EN EL SUELO.**

SUPONGO QUE NO HAY ECONOMISTAS CLÁSICOS EN LAS TRINCHERAS.

EN RESUMEN, LOS ECONOMISTAS ACTUALES **NO PONEN PRECISAMENTE MUY BUENAS NOTAS** A LOS DE LA DÉCADA DE 1930.

¿QUE ME HA AMPUTADO LAS **DOS** PIERNAS POR ERROR?

CIRUGÍA CARDÍACA

Y AUNQUE LOS ECONOMISTAS DE LA DÉCADA DE 1930 **HICIERON COSAS BIEN...**

MÁS DE MIL ECONOMISTAS COINCIDEN:

RESTRINGIR EL COMERCIO INTERNACIONAL NO AUMENTARÁ EL EMPLEO.

... LOS CARGOS ELECTOS **METIERON LA PATA DE TODOS MODOS.**

TENEMOS QUE ALENTAR A LOS ESTADOUNIDENSES A **COMPRAR PRODUCTOS LOCALES.**

UNA FORMA DE HACERLO ES **GRAVAR LAS IMPORTACIONES...**

... ¡Y POR ESO HEMOS APROBADO **LA LEY DE ARANCELES DE 1930!**

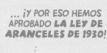

EL RESULTADO FUE QUE **TODO EL MUNDO SALIÓ PERDIENDO.**

OTROS PAÍSES **TOMARON REPRESALIAS** IMPONIENDO SUS PROPIOS ARANCELES...

... ¡Y AHORA LAS **EXPORTACIONES ESTADOUNIDENSES** ESTÁN **SUFRIENDO!**

QUIZÁ EMPEZAR UNA **GUERRA COMERCIAL** NO ERA TAN BUENA IDEA.

HEMOS APRENDIDO MUCHO DESDE LA GRAN DEPRESIÓN, PERO HAY **UN ÁREA** EN LA QUE **TODAVÍA NOS QUEDA MUCHO QUE APRENDER.**

EL
SISTEMA
FINANCIERO.

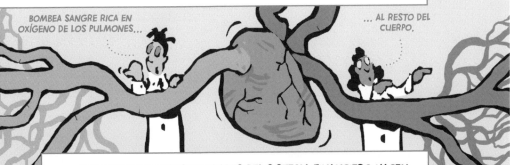

IGUAL QUE **EL CORAZÓN** HACE **CIRCULAR LA SANGRE** EN NUESTRO CUERPO...

BOMBEA SANGRE RICA EN OXÍGENO DE LOS PULMONES...

... AL RESTO DEL CUERPO,

... LOS BANCOS Y OTRAS ENTIDADES DEL SISTEMA FINANCIERO HACEN **CIRCULAR EL DINERO Y EL CRÉDITO** A TRAVÉS DE UNA ECONOMÍA.

COGEN EL DINERO DE LA GENTE QUE QUIERE AHORRAR...

... Y SE LO DEJAN A LA GENTE QUE PIDE PRESTADO.

BANCO
de crédito y ahorro

POR ELLO NO ES EXTRAÑO QUE LOS **FALLOS DEL SISTEMA FINANCIERO** PUEDAN HACER QUE TODA LA ECONOMÍA ENFERME.

¿MALESTAR EN EL PECHO O EN EL TRONCO?

¿DIFICULTAD PARA RESPIRAR?

¿SUDOR FRÍO?

¡LLAME A URGENCIAS: ESTÁ TENIENDO UNA **CRISIS FINANCIERA!**

POR DESGRACIA, ESOS FALLOS RESULTAN **DEMASIADO COMUNES.**

EL PROBLEMA DEL SISTEMA FINANCIERO ES QUE SE VE ATRAPADO ENTRE UN **FALLO DEL MERCADO...**

... Y UN **FALLO DEL ESTADO.**

UN SISTEMA FINANCIERO DE **LIBRE MERCADO** ES PROPENSO A LA INESTABILIDAD...

... PERO LA **REGULACIÓN ESTATAL** TAMPOCO FUNCIONA DEMASIADO BIEN.

UN PROBLEMA DEL PLANTEAMIENTO DE LIBRE MERCADO ES QUE LOS BANCOS PIDEN DINERO PRESTADO **A CORTO PLAZO...**

... PERO LO PRESTAN **A LARGO PLAZO.**

AQUÍ TIENE UN DEPÓSITO.

¡GENIAL! ¡PUEDE RETIRARLO **EN CUALQUIER MOMENTO!**

AQUÍ TIENE UN CRÉDITO.

¡GENIAL! ¡SE LO DEVOLVERÉ **EN DOS AÑOS!**

ESO LOS HACE VULNERABLES A LOS **PÁNICOS BANCARIOS.**

¡HEMOS OÍDO **RUMORES** DE QUE ESTE BANCO TIENE **PROBLEMAS!**

ASÍ QUE **TODOS** QUEREMOS RETIRAR **TODO NUESTRO DINERO.**

... ¡AHORA MISMO!

EN TAL CASO, NUESTRO BANCO REALMENTE TIENE PROBLEMAS.

¡SE ACERCA EL FIN DEL BANCO!

LOS PÁNICOS BANCARIOS PUEDEN DESTRUIR A LOS BANCOS **AUNQUE ESTÉN PERFECTAMENTE SANEADOS...**

... Y DEJAR A LOS IMPOSITORES SIN **NADA.**

SOMOS VÍCTIMAS DE UNA **PROFECÍA** QUE ACARREA SU PROPIO CUMPLIMIENTO.

¡LA PRÓXIMA VEZ QUE OIGA RUMORES CORRERÉ A PONERME EL PRIMERO DE LA COLA!

ESO SOLO CAUSARÍA **MÁS CAOS.**

NO SE PREOCUPE: SI EL BANCO QUIEBRA **CUBRIREMOS LOS DEPÓSITOS PERDIDOS** HASTA UN MÁXIMO DE 250.000 DÓLARES.

... PERO EL SEGURO DE DEPÓSITOS FUNCIONA COMO UNA ESPECIE DE **RESCATE** QUE PUEDE FOMENTAR UNA **CONDUCTA DE RIESGO.**

DADO QUE NUESTROS DEPÓSITOS ESTÁN **ASEGURADOS...**

... YA NO TENEMOS DEMASIADAS **RAZONES PARA SER CUIDADOSOS.**

HAY OTROS RETOS SIMILARES QUE ACOSAN A TODO EL SISTEMA FINANCIERO...

ESTE BANCO ES **DEMASIADO GRANDE PARA QUEBRAR.** SI SE HUNDIERA, PODRÍA ARRASTRAR A TODA LA ECONOMÍA...

... DE MODO QUE EL ESTADO **TIENE** QUE RESPALDARLO.

... DANDO PASO A LO QUE LOS ECONOMISTAS DENOMINAN **RIESGO MORAL.**

BANC
BANCO NACIONAL DE CHANCHULLOS

SI EL ESTADO NOS RESPALDA...

... ¡PODEMOS HACER TODA CLASE DE **INVERSIONES DESCABELLADAS!**

EN SUMA, EL SISTEMA FINANCIERO ES UNA PARTE CRUCIAL DE LA ECONOMÍA QUE PARECE SER **PROPENSO A LA INESTABILIDAD.**

CON LOS **PÁNICOS BANCARIOS** POR UN LADO...

... Y EL **RIESGO MORAL** POR OTRO...

... NO ES EXTRAÑO QUE EL SISTEMA FINANCIERO RESULTE **DIFÍCIL DE DOMESTICAR.**

LOS ECONOMISTAS SIGUEN ESFORZÁNDOSE EN CONTROLAR EL SISTEMA FINANCIERO...

SIEMPRE CONFIAMOS EN QUE **ESTA VEZ SERÁ DISTINTO**...

... **¡Y SIEMPRE NOS EQUIVOCAMOS!**

... PERO ELIMINAR TODOS LOS PROBLEMAS PUEDE RESULTAR **IMPOSIBLE**.

CUANDO LAS COSAS EMPIEZAN A PARECER MÁS **ESTABLES**...

... TODO EL MUNDO **ASUME MÁS RIESGOS**...

... Y ESO HACE QUE LAS COSAS VUELVAN A SER **INESTABLES**.

ASÍ PUES, AUNQUE LAS POLÍTICAS MONETARIA Y FISCAL **HAN MEJORADO ENORMEMENTE** DESDE LA GRAN DEPRESIÓN...

LO SENTIMOS, ¡NO VOLVERÁ A OCURRIR!

... TODAVÍA ESTAMOS MUY LEJOS DE VISLUMBRAR **EL FIN** DEL CICLO ECONÓMICO.

IGUAL QUE LOS MÉDICOS ESTÁN AÚN MUY LEJOS...

... DE CONSEGUIR QUE LA GENTE VIVA PARA SIEMPRE.

CAPÍTULO 13
¿EL FIN DE LA POBREZA?

DE LOS APROXIMADAMENTE 7.000 MILLONES DE PERSONAS QUE HAY ACTUALMENTE EN LA TIERRA, ALREDEDOR DE **1.000 MILLONES** VIVEN EN **PAÍSES RICOS**...

EN ESTADOS UNIDOS, JAPÓN Y EUROPA OCCIDENTAL, EL PIB PER CÁPITA SUPERA LOS **30.000 DÓLARES ANUALES.**

... ALREDEDOR DE **4.500 MILLONES** VIVEN EN **PAÍSES DE RENTA MEDIA**...

EN CHINA, BRASIL Y SUDÁFRICA, EL PIB PER CÁPITA EQUIVALE A UNOS **10.000 DÓLARES ANUALES.**

... Y ALREDEDOR DE **1.500 MILLONES** VIVEN EN **PAÍSES DE RENTA BAJA.**

EN PAKISTÁN, NIGERIA Y NICARAGUA, EL PIB PER CÁPITA MEDIO ES DE MENOS DE 3.650 **DÓLARES ANUALES**...

... SOLO UNOS POCOS DÓLARES DIARIOS.

EN LOS PAÍSES DE RENTA BAJA Y MEDIA, LA POBREZA ESTÁ TAN EXTENDIDA QUE LA IDEA DE **PONERLE FIN** PARECE UNA **FANTASÍA.**

PERO LOS ECONOMISTAS TIENEN UNA IDEA **DESCABELLADAMENTE OPTIMISTA** DENOMINADA **CONVERGENCIA (Y A VECES TAMBIÉN EN INGLÉS CATCH-UP)**

¿HA DICHO KETCHUP?

LA IDEA ES QUE EL **PIB PER CÁPITA** DE LOS **PAÍSES MÁS POBRES...**

... **CONVERGERÁ** CON EL PIB PER CÁPITA DE LOS **MÁS RICOS...**

... ¡DE MODO QUE A LA LARGA **TODOS LOS PAÍSES SERÁN RICOS!**

OBVIAMENTE, LA CONVERGENCIA **NECESITARÁ SU TIEMPO.**

HUELE MUY BIEN. ¿CUÁNDO ESTARÁ LISTO?

ALGÚN DÍA.

LA **BUENA NOTICIA** ES QUE LA CONVERGENCIA ES **ALGO MÁS QUE UN MERO SUEÑO.**

FÍJATE EN LOS **TIGRES ASIÁTICOS** COMO **COREA DEL SUR.**

¡EL CATCH-UP FUNCIONA!

LA TEORÍA ECONÓMICA QUE SUBYACE A LA CONVERGENCIA ES QUE CADA **INVERSIÓN ADICIONAL RESULTA MÁS PRODUCTIVA EN LOS PAÍSES POBRES** QUE EN LOS RICOS.

UNA MÁQUINA DE COSER EXTRA PRODUCE **MÁS VALOR EN UN PAÍS POBRE.**

UN AÑO DE EDUCACIÓN EXTRA PRODUCE **MÁS VALOR EN UN PAÍS POBRE.**

¡ES **ANÁLISIS MARGINAL!**

COMO RESULTADO, ES NATURAL QUE LOS PAÍSES POBRES **ATRAIGAN MÁS INVERSIÓN...**

INVERTIR EN UN PAÍS RICO ME DA UN **RENDIMIENTO DEL 5%...**

... ¡PERO INVERTIR EN UN PAÍS POBRE ME DA UN **RENDIMIENTO DEL 10%!**

... LO QUE LES SITUARÁ EN LA **SENDA DE LA RIQUEZA.**

AL IGUAL QUE UNA FAMILIA DESNUTRIDA **GANARÁ PESO MÁS DEPRISA** QUE UNA FAMILIA SANA...

... LA CONVERGENCIA SUGIERE QUE LOS PAÍSES POBRES **CRECERÁN MÁS DEPRISA** QUE LOS RICOS.

LA **MALA NOTICIA** ES QUE LA CONVERGENCIA **NO** LO ES TODO...

¡FÍJATE EN **COREA DEL NORTE** O EN **SOMALIA!**

... Y ESTÁ CLARO QUE **NO ES UN PROCESO AUTOMÁTICO.**

¡NO PUEDES HACER UNA BUENA CENA METIENDO UN PUÑADO DE INGREDIENTES EN UNA CAZUELA!

REQUIERE QUE SE DEN LAS **CONDICIONES ADECUADAS...**

SOLO UN POCO MÁS DE ACEITE DE OLIVA Y AJO, ¡Y ESTÁ PERFECTO!

... DE AHÍ QUE ACTUALMENTE LA MAYORÍA DE LOS ECONOMISTAS RESPALDEN LA IDEA DE LA **CONVERGENCIA CONDICIONAL.**

CONVERGERÉIS **SI...**

¿SI QUÉ?

... **SI** SEGUÍS UNA BUENA **RECETA PARA EL CRECIMIENTO.**

LOS MACROECONOMISTAS COINCIDEN EN **ALGUNOS** DE LOS ELEMENTOS BÁSICOS DE LA **RECETA PARA EL CRECIMIENTO, PERO NO EN TODOS.**

LAS CEBOLLAS ESTÁN BIEN, ¿PERO **HINOJO?**

¿TE HAS VUELTO **LOCO?**

¡ESO LO **ECHARÁ A PERDER!**

POR EJEMPLO, ALGUNOS ECONOMISTAS CREEN QUE LOS PAÍSES POBRES ESTÁN ATRAPADOS EN UNA **TRAMPA DE POBREZA...**

LA **POBREZA** GENERA **INESTABILIDAD...**

...LO CUAL LLEVA A LA **GUERRA...**

... Y GENERA **MÁS POBREZA.**

...QUE DESINCENTIVA LA **INVERSIÓN...**

DEL MISMO MODO QUE UNA FAMILIA QUE **ESTÁ DEMASIADO ENFERMA PARA TRABAJAR...**

... NO PODRÁ CONSEGUIR **SUFICIENTE COMIDA...**

... Y **ENFERMARÁ AÚN MÁS.**

... Y QUE LO ÚNICO QUE NECESITAN PARA EMPRENDER LA SENDA DE LA RIQUEZA ES UN **GRAN ESTÍMULO** PARA ROMPER EL CÍRCULO.

LO QUE LE HACE FALTA A ESTA SOPA...

... ES UNA DOSIS CONSIDERABLE DE **COOPERACIÓN INTERNACIONAL.**

OTROS ECONOMISTAS SOSTIENEN QUE LA TRAMPA DE POBREZA **NO ES EL PROBLEMA FUNDAMENTAL**...

LOS PAÍSES RICOS COMO GRAN BRETAÑA EMPEZARON SIENDO PAÍSES POBRES...

... PERO DE ALGÚN MODO **SALIERON DE LA TRAMPA DE POBREZA.**

... Y QUE LA RECETA PARA EL CRECIMIENTO DEPENDE MÁS DE QUE HAYA UN **BUEN GOBIERNO**...

El imperio de la ley

Paz

Derechos de propiedad

Estabilidad

Mercados competitivos

Buena educación

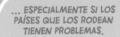

... E INCLUSO DE FACTORES TALES COMO LA **GEOGRAFÍA.**

A LOS PAÍSES SIN SALIDA AL MAR LES CUESTA MUCHO PARTICIPAR EN EL COMERCIO INTERNACIONAL...

... ESPECIALMENTE SI LOS PAÍSES QUE LOS RODEAN TIENEN PROBLEMAS.

PUEDE QUE LOS ESPECIALISTAS EN ECONOMÍA DEL DESARROLLO NO ESTÉN DE ACUERDO **EN TODO**...

... PERO SÍ COINCIDEN EN **LO BÁSICO**.

¡HAY **DEMASIADOS COCINEROS** EN ESTA COCINA!

BÁSICAMENTE SON **ALUBIAS** Y **ARROZ** CON UN POCO DE **SAL**.

SÍ.

¡CIERTO!

VARIOS PAÍSES COMO **CHINA** Y LA **INDIA** HAN IMPLEMENTADO ALGUNAS DE ESAS **IDEAS BÁSICAS**...

AHORA TENEMOS UNA **ECONOMÍA BASADA** EN GRAN PARTE **EN EL MERCADO**...

... **PAZ** Y **ESTABILIDAD**...

... ¡Y **APERTURA AL COMERCIO MUNDIAL**!

... Y ESTÁN HACIENDO PROGRESOS EN SU **LARGO ASCENSO PARA SALIR DE LA POBREZA**.

¡MENOS MAL QUE ESTA ESCALERA SOPORTA A **4.000 MILLONES DE PERSONAS MÁS**!

ESTOS EJEMPLOS DE ÉXITO HACEN QUE LOS ECONOMISTAS SE MUESTREN **OPTIMISTAS** ANTE LA POSIBILIDAD DE VENCER A LA POBREZA MUNDIAL...

... PERO TAMBIÉN SON CONSCIENTES DE LOS **ELEMENTOS CONFLICTIVOS**.

EN ALGUNOS PAÍSES, EL PIB PER CÁPITA NO HA MEJORADO DESDE HACE **GENERACIONES**.

ESOS ELEMENTOS CONFLICTIVOS PLANTEAN UN DESAFÍO INGENTE, ESPECIALMENTE EN ÁFRICA...

¿CÓMO SE SUPONE QUE VOY A HACER UNA BUENA RECETA CON ESTO?

Sida

Guerra

Mala geografía

Legado pos-colonial

Gobierno corrupto

Rápido crecimiento demográfico

Analfa-betismo

... Y EL DESTINO DEL QUE SE HA DADO EN LLAMAR «**EL CLUB DE LA MISERIA**», FORMADO POR MIL MILLONES DE PERSONAS, ES UNA CUESTIÓN CLAVE PARA EL SIGLO XXI.

¡LO QUE NECESITAMOS ES UNA **POCIÓN MÁGICA PARA LOS QUE ESTÁN ABAJO DE TODO**!

175

EN CONJUNTO, NO OBSTANTE, LA VISIÓN DE LOS PAÍSES POBRES **CONVERGIENDO** CON LOS RICOS RESULTA **CONVINCENTE**...

¡YA VEO LA CIMA!

¡ES EL **FIN DE LA POBREZA**!

¡CASI HEMOS LLEGADO!

... TAN CONVINCENTE QUE RESULTA FÁCIL **PERDER DE VISTA LA REALIDAD.**

TAMBIÉN HAY **POBREZA EN LOS PAÍSES RICOS,**

¡VAYA!

EL SIMPLE HECHO DE **DEFINIR LA POBREZA** EN LOS PAÍSES RICOS PUEDE SER COMPLICADO...

¿DEBERÍA SER EN FUNCIÓN DE SI SE TIENE **COMIDA EN LA MESA** Y UN **TECHO BAJO EL QUE GUARECERSE?**

¿Y QUÉ HAY DEL ACCESO A LA **ATENCIÓN SANITARIA?**

¿O DEL ACCESO A **INTERNET?**

... Y ALGUNOS ECONOMISTAS SOSTIENEN QUE HABRÍA QUE FIJARSE MÁS BIEN EN LA **POBREZA RELATIVA.**

CUANDO TODO EL MUNDO GANA 60.000 **DÓLARES** AL AÑO...

... GANAR 30.000 Y PUEDE SER **PELIGROSO PARA TU SALUD.**

INDEPENDIENTEMENTE DE CÓMO SE LA DEFINA, **LA MANERA DE LUCHAR CONTRA LA POBREZA** EN LOS PAÍSES RICOS ESTÁ CLARA...

DEBEMOS OFRECER **OPORTUNIDADES Y EDUCACIÓN** A LA **PRÓXIMA GENERACIÓN**...

... AL TIEMPO QUE VELAMOS POR QUIENES **SE ESCAPAN POR LAS RENDIJAS.**

$e=mc^2$

El orden de los factores no altera el producto

$a^2+b^2=c^2$

la eskuela no kuela

... PERO ENTRAR EN LOS DETALLES REQUERIRÍA UN **LIBRO COMPLETAMENTE DIFERENTE.**

COCINAR LA **PASTA ALFREDO** ES TOTALMENTE DISTINTO...

... DE COCINAR EL **PAD THAI.**

LAMENTABLEMENTE, LA POBREZA **NO DESAPARECERÁ** EN EL SIGLO XXI.

PERO EL PAISAJE GLOBAL ESTÁ **CAMBIANDO CON RAPIDEZ**...

... ALEJÁNDOSE DEL MODELO DE UN CONJUNTO DE ISLAS DE RIQUEZA EN MEDIO DE UN **OCÉANO DE ESCASEZ**...

... PARA ACERCARSE AL DE UN **MUNDO MÁS RICO Y PRÓSPERO** EN GENERAL.

CAPÍTULO 14
¿EL FIN DEL PLANETA TIERRA?

LA COMBINACIÓN DE POBLACIONES CRECIENTES...

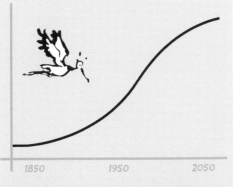

1850   1950   2050

... Y NIVELES DE VIDA CRECIENTES...

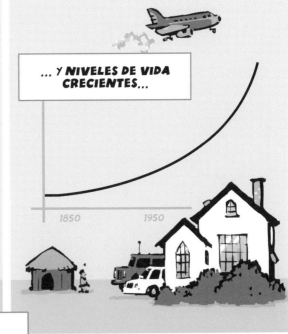

1850   1950

... PLANTEA DUDAS SOBRE LA POSIBILIDAD DE QUE SE AGOTEN LOS ALIMENTOS, LOS MINERALES Y OTROS RECURSOS NATURALES VALIOSOS...

¡PICO DEL **PETRÓLEO!**   ¡PICO DEL **CARBÓN!**

¡PICO DE **TODO!**

¡EL FIN ESTÁ CERCA!

... Y SOBRE PROBLEMAS TALES COMO EL CALENTAMIENTO GLOBAL.

Y SOBRE SU CÓMPLICE, LA **ACIDIFICACIÓN DE LOS OCÉANOS.**

A LOS **PESIMISTAS** LES PREOCUPA QUE LA CIVILIZACIÓN HUMANA SE DIRIJA **AL BORDE DE UN PRECIPICIO.**

LOS **OPTIMISTAS** ESTÁN CONVENCIDOS DE QUE TODO IRÁ **DE PERLAS...**

... EN GRAN PARTE DEBIDO A SU FE EN LA **ECONOMÍA DE LIBRE MERCADO.**

LOS ECONOMISTAS TIENEN MUCHO QUE DECIR EN TORNO AL DEBATE ENTRE OPTIMISTAS Y PESIMISTAS.

EMPEZANDO POR ESTO:

LOS PESIMISTAS SE EQUIVOCAN.

EL ARGUMENTO PESIMISTA BÁSICO SE REMONTA AL FILÓSOFO DEL SIGLO XVIII **THOMAS MALTHUS.**

«LA CAPACIDAD DEL CRECIMIENTO DE LA POBLACIÓN ES TAN SUPERIOR A LA CAPACIDAD DE PRODUCIR MEDIOS DE SUBSISTENCIA EN LA TIERRA...

... QUE DE UNA FORMA U OTRA LA **MUERTE PREMATURA** HABRÁ DE VISITAR A LA RAZA HUMANA.»

POR FORTUNA, MALTHUS **SE EQUIVOCABA...**

LA **TECNOLOGÍA** PERMITIÓ AUMENTAR LA PRODUCCIÓN DE ALIMENTOS AÚN MÁS DEPRISA QUE LA POBLACIÓN HUMANA,

PERO ¡UN MOMENTO! ¡TODAVÍA NO HE LLEGADO A LA PARTE SOBRE «**EPIDEMIAS, PESTE Y PLAGAS**»!

... Y LOS PESIMISTAS DE NUESTROS DÍAS TIENEN UN **LARGO HISTORIAL DE FRACASOS SIMILARES.**

¡PICO DEL CARBÓN EN 1865!

¡PICO DEL CARBÓN EN 1953!

¡PICO DEL CARBÓN EN 2050!

LO QUE NO VEN LOS PESIMISTAS ES QUE A MENUDO LOS **MERCADOS LIBRES OBRAN MILAGROS.**

LA OPTIMIZACIÓN INDIVIDUAL PUEDE CONDUCIR A **BUENOS RESULTADOS** PARA EL GRUPO EN SU CONJUNTO.

POR EJEMPLO, LOS MERCADOS DEL COBRE Y DE MUCHOS OTROS **RECURSOS NATURALES** SE HALLAN BIEN EQUIPADOS PARA AFRONTAR LA POSIBILIDAD DE UNA **CRECIENTE ESCASEZ.**

SI EL **COBRE** ESCASEA, SU **PRECIO SUBIRÁ**...

¡ESTA CALDERILLA DE COBRE VALDRÁ MÁS SI LA **FUNDO**!

... Y ESO INCENTIVARÁ A LA GENTE A **BUSCAR NUEVOS YACIMIENTOS**...

A LO MEJOR HOY ENCUENTRO EL **FILÓN PRINCIPAL**!

... Y A **CONSERVAR** EL COBRE QUE AHORA TENEMOS...

¡REDUCIR, REUTILIZAR, RECICLAR!

... Y A **DESCUBRIR ALTERNATIVAS.**

OLVÍDESE DE LOS **CABLES DE COBRE**: VAMOS A UTILIZAR FIBRA ÓPTICA HECHA DE **ARENA.**

EN RESUMEN, CUANDO LOS MERCADOS FUNCIONAN BIEN, A LOS ECONOMISTAS LES ENCANTA DARLE A LA **MANO INVISIBLE** LAS RIENDAS DEL FUTURO.

ESO SUENA AÚN MEJOR CUANDO SE CONSIDERA QUE LA **ALTERNATIVA**...

... ¡ES QUE **YO** TOME EL CONTROL DEL AUTOBÚS!

¡EL FIN ESTÁ CERCA!

PERO EL BUEN FUNCIONAMIENTO DE LOS MERCADOS **NO ES LA ÚNICA POSIBILIDAD.**

LOS PESIMISTAS SE EQUIVOCAN...

... ¡PERO LOS **OPTIMISTAS TAMBIÉN!**

LO QUE NO VEN LOS OPTIMISTAS ES QUE LOS MERCADOS **NO SIEMPRE FUNCIONAN BIEN...**

A VECES LA **OPTIMIZACIÓN INDIVIDUAL...**

... CONDUCE A **RESULTADOS MALOS** PARA EL GRUPO EN SU CONJUNTO.

¡MALDITO **TRÁFICO**! ¡COF, COF!

... Y ESO HA HECHO QUE LOS OPTIMISTAS ESTUVIERAN CIEGOS A **FALLOS DEL MERCADO TALES COMO EL CAMBIO CLIMÁTICO.**

«SUPONGO QUE EL CALENTAMIENTO GLOBAL APENAS [SERÁ] DIGNO DE CONSIDERACIÓN EN UN PLAZO DE DIEZ AÑOS»...

ESO DIJO EN 1994.

SUPUSO MAL.

EN EL VOLUMEN SOBRE **MICROECONOMÍA** VEÍAMOS
MONTONES DE EJEMPLOS DE **FALLOS DEL MERCADO**...

COMO LA **SOBREPESCA**...

... Y EL **USO DE ESTEROIDES**...

... Y LAS **CARRERAS ARMAMENTÍSTICAS**...

... Y OTROS CASOS DE **TRAGEDIA DE LOS COMUNES**.

... Y A VECES LOS RESULTADOS SON TAN MALOS
QUE SE VUELVEN VISIBLES EN EL NIVEL **MACRO**.

¡SI NO TIENEN CUIDADO CON LAS EMISIONES
DE CARBONO, ACABARÁN **FRIENDO** SU
PROPIO PLANETA!

He aquí lo que los **ECONOMISTAS** tienen que saber sobre la **CIENCIA DEL CLIMA:**

En primer lugar, estamos añadiendo **MILES DE MILLONES** de toneladas de CO_2 a la atmósfera cada año.

Principalmente **QUEMANDO COMBUSTIBLES FÓSILES** como el carbón, el petróleo y el gas natural...

... pero también **TALANDO MILLONES DE HECTÁREAS DE ÁRBOLES.**

En segundo lugar, **CIEN AÑOS DE TEORÍA CIENTÍFICA** predicen que esto hará que **AUMENTEN LAS TEMPERATURAS MEDIAS GLOBALES** y, aparte de eso, que cambie el clima.

¿Quiere decir que **ES SOLO UNA TEORÍA?**

Sí...

... ¡pero también lo es la **TEORÍA DE LA GRAVEDAD!**

EN TERCER LUGAR, HEMOS ESTADO PROBANDO ESTA TEORÍA EN UN **EXPERIMENTO PLANETARIO**...

¡VEAMOS QUÉ OCURRE SI **DUPLICAMOS** LA CANTIDAD DE CO_2 EN LA ATMÓSFERA!

¡HUM!, ¿Y NO PODRÍAMOS HACER ESA PRUEBA EN UN **PLANETA DISTINTO**?

¡LO SIENTO!, ESTE ES **EL ÚNICO DEL QUE DISPONEMOS.**

... Y HASTA AHORA LAS EVIDENCIAS **RESPALDAN LA TEORÍA.**

HABÍAMOS PREDICHO QUE LAS TEMPERATURAS MEDIAS SUBIRÍAN UNOS 0,2 **GRADOS CENTÍGRADOS CADA DÉCADA**...

... ¡Y LAS PREDICCIONES HAN ESTADO BASTANTE CERCA DE LA REALIDAD!

DE AHÍ QUE CASI TODOS LOS **CIENTÍFICOS COINCIDAN** EN QUE LA **MAYOR PARTE** DEL AUMENTO DE LAS TEMPERATURAS MEDIAS MUNDIALES DESDE MEDIADOS DEL SIGLO XX...

... SE DEBE MUY PROBABLEMENTE A LA **ACTIVIDAD HUMANA.**

AUNQUE LA **BASE CIENTÍFICA ES SÓLIDA**, HAY MUCHAS **DUDAS** CON RESPECTO A QUÉ ES LO QUE SUCEDERÁ **CONCRETAMENTE**...

EN ESTE SIGLO, EL NIVEL DEL MAR AUMENTARÁ CADA AÑO UNA MEDIA DE 2.

¿2 **MILÍMETROS**... O 2 **CENTÍMETROS**?

¡BUENA PREGUNTA!

... Y CON RESPECTO A LA CAPACIDAD DE LAS SOCIEDADES HUMANAS PARA **ADAPTARSE** A UN CLIMA CAMBIANTE.

¿TENDREMOS QUE **ABANDONAR** NUEVA YORK Y BANGLADÉS?

¿O BASTARÁ CON QUE **CONSTRUYAMOS DIQUES MÁS ALTOS**?

UNA ANALOGÍA QUE A MENUDO SE UTILIZA ES LA DE QUE SEGUIR COMO SI NO PASARA NADA SERÍA LO MISMO QUE **PINCHAR A UNA BESTIA CON UN PALO AFILADO**.

¿SE DESPERTARÁ? ¿O SEGUIRÁ DURMIENDO?

YO SOLO SÉ QUE ME GUSTARÍA CONTRATAR ALGÚN **SEGURO DE VIDA**...

ESAS DUDAS SON UNA BUENA RAZÓN PARA QUE LOS ECONOMISTAS **NO SE PONGAN DE ACUERDO** ACERCA DE **CON QUÉ INTENSIDAD** DEBEMOS COMBATIR EL CAMBIO CLIMÁTICO...

*¡MÁS VALE QUE **ACTUEMOS CON RAPIDEZ**...*

*... EL CAMBIO CLIMÁTICO PODRÍA REDUCIR EL PIB MUNDIAL EN UN **20 %**!*

*¡HAY QUE **TOMÁRSELO CON CALMA**...*

*... LOS COMBUSTIBLES FÓSILES SON UNA **PARTE CLAVE** DEL **CRECIMIENTO ECONÓMICO**!*

... PERO SÍ **COINCIDEN** EN QUE EL **MEJOR MODO** DE COMBATIR EL CAMBIO CLIMÁTICO ES CON LOS **INSTRUMENTOS DE LA ECONOMÍA**.

LA MANERA DE QUE HAYA MENOS CONTAMINACIÓN...

*... ¡ES **HACER QUE CONTAMINAR RESULTE MÁS CARO**!*

LAS **FUERZAS DEL MERCADO** CONSTITUYEN LA FORMA MÁS POTENTE DE PROMOVER LA INNOVACIÓN EN **TECNOLOGÍAS LIMPIAS**...

... Y LA MEJOR FORMA DE APROVECHAR LAS **FUERZAS DEL MERCADO** ES **PONER UN PRECIO AL CARBONO**.

¡SE BUSCA!

Recompensa $$$$

*¡Y PODEMOS EMPLEAR LOS **INGRESOS** DERIVADOS DE PONER PRECIO AL CARBONO...*

*... PARA **REDUCIR** LOS IMPUESTOS EXISTENTES!*

LA **VISIÓN GENERAL** ES QUE A LOS ECONOMISTAS **NO LES PREOCUPA** LA POSIBILIDAD DE QUE AGOTEMOS RECURSOS NATURALES COMO EL COBRE...

CUANDO TIENES **MERCADOS QUE FUNCIONAN BIEN**...

... PUEDES CONFIARLE EL FUTURO A LA **MANO INVISIBLE**.

... PERO **SÍ LES PREOCUPAN** LOS PROBLEMAS COMO EL **CAMBIO CLIMÁTICO**...

¡ES EL MAYOR **FALLO DEL MERCADO** QUE EL MUNDO HA VISTO NUNCA!

¡PONED PRECIO AL CARBONO **YA!**

... Y ESTO PROPORCIONA A LOS ECONOMISTAS UNA **PERSPECTIVA ÚNICA** SOBRE LOS RETOS MEDIOAMBIENTALES DEL SIGLO XXI.

NO NOS PREOCUPA QUE LOS COMBUSTIBLES FÓSILES **SE AGOTEN**...

¡NOS PREOCUPA QUE **NO** SE AGOTEN!

CAPÍTULO 15
¿EL FIN DE LA JUVENTUD?

EN EL SIGLO XX LAS MACROECONOMÍAS ERAN COMO FAMILIAS JÓVENES...

... PERO EN EL SIGLO XXI EMPIEZAN A MOSTRAR ALGUNAS SEÑALES DE ENVEJECIMIENTO.

¡MADURA...!
... ¡ERES DEMASIADO **MAYOR** PARA LLEVAR PAÑALES!

¡MADURA...!
... ¡ERES DEMASIADO **JOVEN** PARA LLEVAR PAÑALES!

EL ENVEJECIMIENTO DE LA POBLACIÓN RESULTA MÁS NOTABLE EN LOS PAÍSES RICOS...

... DONDE ESTA TENDENCIA SE VE ACENTUADA POR LA JUBILACIÓN DE LOS MIEMBROS DE LA GENERACIÓN DEL BABY BOOM.

¡DENTRO DE QUINCE AÑOS TODO ESTADOS UNIDOS TENDRÁ EL ASPECTO QUE HOY TIENE FLORIDA!

¿AÚN ME SEGUIRÁS NECESITANDO, AÚN ME SEGUIRÁS ALIMENTANDO, AHORA QUE TENGO SESENTA Y CUATRO AÑOS?

PERO LOS PAÍSES POBRES TAMBIÉN ESTÁN EMPEZANDO A EXPERIMENTAR LA TRANSICIÓN DEMOGRÁFICA DE LA JUVENTUD A LA MADUREZ.

GRACIAS EN PARTE A LA **POLÍTICA DEL HIJO ÚNICO**...

CHINA VA A SER EL PRIMER PAÍS QUE SE HAGA **VIEJO** ANTES DE HACERSE **RICO**.

POR SUPUESTO, TENER UNA **POBLACIÓN CADA VEZ MÁS VIEJA NO ES NECESARIAMENTE ALGO MALO.**

CONSIDERANDO LA **ALTERNATIVA,** NO LO ES EN ABSOLUTO.

PERO EL AUMENTO DE LA ESPERANZA DE VIDA REQUERIRÁ REAJUSTES POR PARTE DE LOS **INDIVIDUOS...**

GASTO **MENOS** HOY...

... PARA PODER TENER MÁS **CUANDO SEA MUY VIEJA.**

... DE LAS **FAMILIAS...**

FINALMENTE NUESTROS **HIJOS SE VAN DE CASA...**

... ¡PERO AHORA **SE VIENEN** NUESTROS **PADRES!**

... Y DE LOS **ESTADOS.**

MUCHOS PROGRAMAS PÚBLICOS TRATAN DE AYUDAR A LA TERCERA EDAD DE UNA MANERA **DIGNA...**

... PERO AHORA **ESOS MISMOS PROGRAMAS** TIENEN **DIFICULTADES.**

A MODO DE EJEMPLO, EN EL CASO DE ESTADOS UNIDOS ES PROBABLE QUE EL ENVEJECIMIENTO RESULTE **ESPECIALMENTE COMPLICADO...**

... PARA EL PROGRAMA DE **SEGURIDAD SOCIAL...**

CREADA EN 1935, LA SEGURIDAD SOCIAL **PAGA** A LOS JUBILADOS UNA **PENSIÓN AJUSTADA A LA INFLACIÓN.**

... Y EL PROGRAMA **MEDICARE.**

CREADO EN 1965 Y AMPLIADO POR ÚLTIMA VEZ EN 2003, MEDICARE PAGA LA **ATENCIÓN SANITARIA** A LOS JUBILADOS.

ESTOS PROGRAMAS DEL GOBIERNO FEDERAL SON **TAN GRANDES** QUE REPRESENTAN UNA PARTE SIGNIFICATIVA DEL **PIB TOTAL ESTADOUNIDENSE.**

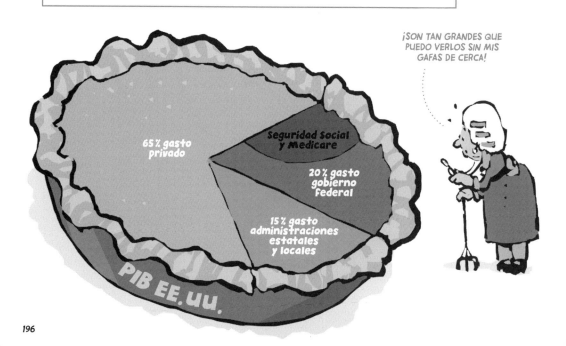

¡SON TAN GRANDES QUE PUEDO VERLOS SIN MIS GAFAS DE CERCA!

65% gasto privado

Seguridad Social y Medicare

20% gasto gobierno federal

15% gasto administraciones estatales y locales

PIB EE.UU.

DE HECHO, SE HA DESCRITO AL GOBIERNO ESTADOUNIDENSE COMO UNA **GIGANTESCA COMPAÑÍA DE SEGUROS...**

USTED PAGA **IMPUESTOS** MIENTRAS TRABAJA...

... Y NOSOTROS NOS ASEGURAMOS DE QUE EN SU VEJEZ NO SE ENCUENTRE **EN LA MISERIA.**

... CON **INTERESES SECUNDARIOS** EN LA **DEFENSA NACIONAL.**

VUESTRA PRIMERA MISIÓN...

... ES AYUDARME A ENVIAR ESTOS **CHEQUES DE LA SEGURIDAD SOCIAL.**

ESTO SE DEBE A QUE LA **SEGURIDAD SOCIAL**, LA **ATENCIÓN SANITARIA** Y EL **EJÉRCITO** SE LLEVAN CADA UNO ALREDEDOR DEL **20 %** DE **TODO** EL **PRESUPUESTO FEDERAL.**

AUNQUE RESULTA TENTADOR COMPARAR LOS PROGRAMAS DE ATENCIÓN SANITARIA Y SEGURIDAD SOCIAL DE CUALQUIER PAÍS CON LOS **PLANES DE PENSIONES INDIVIDUALES**...

AHORRO DINERO HOY...

CUENTA DE AHORRO

... Y AL JUBILARME PUEDO RETIRARLO.

CUENTA DE AHORRO

... EN REALIDAD FUNCIONAN MÁS BIEN COMO UNA **CADENA HUMANA.**

LOS TRABAJADORES ACTUALES PAGAN...

... Y LOS JUBILADOS ACTUALES COBRAN.

ESTE SISTEMA DE CADENA HUMANA SE CONOCE COMO «RÉGIMEN DE PAGOS CON CARGO A LOS INGRESOS CORRIENTES», O, EN UNA PALABRA:

REPARTO

Se paga

Repartiendo

Los ingresos

Corrientes

¡OH!

SE BASA, PUES, EN UN MECANISMO DE **SOLIDARIDAD.**

ACTUALMENTE, EN EL CASO DE ESTADOS UNIDOS, LOS IMPUESTOS QUE PAGAN LOS TRABAJADORES BASTAN PARA CUMPLIR LAS PROMESAS HECHAS A LOS JUBILADOS **ACTUALES.**

EN ESTE MOMENTO, **NOSOTROS** APORTAMOS LO SUFICIENTE...

... PARA PAGAR LAS PRESTACIONES QUE **NOSOTROS** RECIBIMOS.

SIN EMBARGO, SE PREVÉ QUE ENTRE 2010 Y 2050 LA PROPORCIÓN DEL PIB CORRESPONDIENTE A LA SEGURIDAD SOCIAL **AUMENTE EN UN 25 %**...

... Y QUE LA PROPORCIÓN CORRESPONDIENTE A MEDICARE CASI SE **DUPLIQUE.**

VAMOS A VIVIR TREINTA AÑOS MÁS...

... ¡ASÍ QUE MÁS VALE QUE NOS DEIS MÁS PASTEL!

¡ESTE PACIENTE **TIENE UNA HEMORRAGIA DE NÚMEROS ROJOS**

DADO QUE PROBABLEMENTE LA PROPORCIÓN DEL PIB APORTADA POR LOS TRABAJADORES **SEGUIRÁ SIENDO MÁS O MENOS LA MISMA...**

LOS IMPUESTOS PARA FINANCIAR LA SEGURIDAD SOCIAL Y MEDICARE REPRESENTAN APROXIMADAMENTE EL 15 % DE LOS SALARIOS.

¡NO SÉ SI PUEDO APOQUINAR MÁS!

... ESO SIGNIFICA QUE LA CADENA HUMANA ESTÁ **ABOCADA A ROMPERSE.**

¡VAYA!

EN CUALQUIER PAÍS, AFRONTAR LA SITUACIÓN DE LA SEGURIDAD SOCIAL Y LA ATENCIÓN SANITARIA PROBABLEMENTE IMPLIQUE UNA COMBINACIÓN DE **TRES DOLOROSAS OPCIONES.**

ELIJA SU VENENO.

EL ESTADO PUEDE **RECORTAR LAS PRESTACIONES...**

¿QUÉ?
¡NI HABLAR!

... SUBIR LOS IMPUESTOS...

¿QUÉ?
¡NI HABLAR!

... O PEDIR DINERO PRESTADO.

¡BUAAAAAA!

¿INDOLORAS?

¡ESO SUENA BIEN!

¡GU!

... PERO AMBAS AFRONTAN **GRANDES RETOS.**

UNA IDEA ES **MEJORAR LA EFICIENCIA** ENCONTRANDO **FORMAS MÁS BARATAS** DE PROPORCIONAR ATENCIÓN SANITARIA.

¡SUBAN Y TRATEN DE **DOBLAR LA CURVA DE COSTE!**

ESO ES MÁS FÁCIL DE **DECIR** QUE DE **HACER.**

YO NI SIQUIERA HE PODIDO HACERLO CON MI **MANO INVISIBLE.**

¡HUM! ¿Y CUÁL ES LA **OTRA** SOLUCIÓN INDOLORA?

COSTE DE LA ATENCIÓN SANITARIA

LA **OTRA** SOLUCIÓN RELATIVAMENTE INDOLORA ES SENCILLAMENTE
CRECER PARA SUPERAR LOS PROBLEMAS FINANCIEROS...

SI PODEMOS ALCANZAR UN
**CRECIMIENTO ECONÓMICO
RÁPIDO**...

... INGRESAREMOS MÁS EN
IMPUESTOS SOBRE
LA NÓMINA...

... ¡Y NOS RESULTARÁ MÁS FÁCIL PAGAR LA
SEGURIDAD SOCIAL Y LA ATENCIÓN SANITARIA!

... DEL MISMO MODO QUE UNA FAMILIA CON UNA **RENTA CRECIENTE** PUEDE SUSTENTAR CON
MAYOR FACILIDAD A SUS PARIENTES ANCIANOS.

¡GUILLE ACABA DE TRAER
A CASA SU **PRIMERA
NÓMINA!**

¡GENIAL! ¡PUES
APOQUINA!

PERO ESTA IDEA TROPIEZA CON **OTRA DIFICULTAD:**
NO ES SOLO LA **GENTE** LA QUE REDUCE LA MARCHA.

TAMBIÉN EL **RITMO DEL PROGRESO TECNOLÓGICO**
PODRÍA ESTAR **REDUCIENDO LA SUYA.**

¡EL CRECIMIENTO
ECONÓMICO **YA NO
ES LO QUE ERA,**
MUCHACHO!

LOS ECONOMISTAS MIDEN EL **IMPACTO ECONÓMICO** DE LAS NUEVAS TECNOLOGÍAS OBSERVANDO CÓMO AFECTAN A LA **PRODUCTIVIDAD LABORAL...**

JOHN HENRY ERA UN AS DEL MARTILLO...

... ¡PERO CON MIS **HERRAMIENTAS ELÉCTRICAS** YO SOY **DIEZ VECES MÁS RÁPIDO!**

... Y EL HECHO ES QUE, TRAS PASAR POR UNA **ÉPOCA DORADA A MEDIADOS DEL SIGLO XX...**

¡NOSOTROS TENEMOS LA **ELECTRICIDAD!**

¡Y EL **MOTOR DE COMBUSTIÓN INTERNA!**

... EL INCREMENTO DE LA PRODUCTIVIDAD LABORAL **SE RALENTIZÓ.**

NOSOTROS TENEMOS...

... **TWITTER.**

POR SUPUESTO, SIEMPRE HAY ESPERANZAS DE QUE EL **INCREMENTO DE LA PRODUCTIVIDAD SE ACELERE DE NUEVO...**

QUIZÁ LA PRÓXIMA GRAN OLEADA TENGA QUE VER CON LA **ROBÓTICA...**

... O CON LA **BIOTECNOLOGÍA...**

... ¡O CON LOS **CÓMICS!**

... PERO POR AHORA LOS ECONOMISTAS SIGUEN LIDIANDO CON UNA OBSERVACIÓN QUE EL PREMIO NOBEL **ROBERT SOLOW** HIZO EN 1987 SOBRE EL **CRECIMIENTO ECONÓMICO.**

«LA **ERA DE LA INFORMÁTICA** PUEDE VERSE EN TODAS PARTES MENOS EN LAS **ESTADÍSTICAS DE PRODUCTIVIDAD.»**

¡ENHORABUENA! ¡HA GANADO EL **PREMIO NOBEL!**

http://bit.ly/gR9Qz6

CAPÍTULO 16
FIN

¡LA MACROECONOMÍA
ESTÁ PLAGADA DE
MONSTRUOS!

AL IGUAL QUE NUESTRO LIBRO DE MICROECONOMÍA...

MICRO

¡SOY UN INDIVIDUO OPTIMIZADOR!

... ESTE LIBRO DE MACROECONOMÍA EMPEZÓ POR LO MÁS PEQUEÑO...

MACRO

¡SOMOS UNA SOLA ECONOMÍA!

... Y LUEGO FUE CRECIENDO...

¡INTERACCIONES ESTRATÉGICAS!

¡COMERCIO INTERNACIONAL!

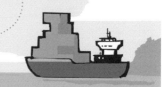

... Y CRECIENDO.

¡MERCADOS COMPETITIVOS!

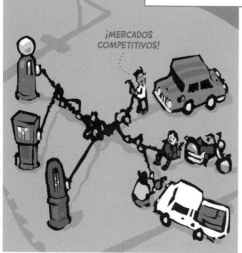

¡TEMAS ECONÓMICOS MUNDIALES!

COMO YA HEMOS VISTO, LA MACRO SE CONSTRUYE A BASE DE **MICROCIMIENTOS**.

¡LA **MACROECONOMÍA** DE UN PAÍS ESTÁ INFLUENCIADA POR MILLONES DE **MICRODECISIONES** INDIVIDUALES!

PERO EXISTEN **GRANDES DIFERENCIAS** ENTRE LA **GRAN CUESTIÓN DE LA MICRO**...

¿EN QUÉ CIRCUNSTANCIAS LA OPTIMIZACIÓN INDIVIDUAL CONDUCE A RESULTADOS QUE SON BUENOS PARA EL GRUPO EN SU CONJUNTO?

... Y EL **MONSTRUOSO PROBLEMA BICÉFALO DE LA MACRO**.

¿CÓMO PODEMOS HACER QUE LAS ECONOMÍAS **CREZCAN**...

... **SIN DESPLOMARSE?**

UNA DIFERENCIA IMPORTANTE ENTRE LA MICRO Y LA MACRO ES QUE **ESTA ÚLTIMA TIENE MÁS PROBLEMAS PARA DOMESTICAR A SUS MONSTRUOS.**

DEBIDO A ESAS DIFICULTADES, UN **LIBRO DE MACRO** ESCRITO EN **2100** PODRÍA TENER UN ASPECTO **RADICALMENTE DISTINTO** DE ESTE...

¡AHORA SE BASA EN **PRINCIPIOS AUSTRO-MINSKIANOS!**

¿EH?

... IGUAL QUE LA **MACRO ACTUAL** TIENE UN ASPECTO RADICALMENTE DISTINTO DE LA QUE SE HACÍA EN 1900.

EL CHISTE QUE SE HACE SOBRE LA **MACRO** ES QUE LAS **PREGUNTAS SON SIEMPRE LAS MISMAS...**

... ¡PERO CADA DIEZ AÑOS **CAMBIAMOS LAS RESPUESTAS!**

EN CAMBIO, ES CASI SEGURO QUE UN **LIBRO DE MICRO** ESCRITO EN **2100** TENDRÁ MÁS O MENOS EL **MISMO ASPECTO QUE UNO ACTUAL.**

SERÁN 150 DÓLARES.

¡ASEGÚRESE DE QUE ME LO **AJUSTA A LA INFLACIÓN!**

FUNDAMENTALMENTE, LA MICRO ES ESTABLE DEBIDO A QUE SE CENTRA EN **UNA HISTORIA BÁSICA...**

HABÍA UNA VEZ UN INDIVIDUO OPTIMIZADOR...

... ¡EL RESTO SON **SOLO MATEMÁTICAS!**

... MIENTRAS QUE LA **MACRO** ES **INESTABLE** PORQUE INCLUYE **HISTORIAS CONTRAPUESTAS** SOBRE LA NATURALEZA DE LA ECONOMÍA...

¡LA ECONOMÍA ES COMO UNA **FAMILIA BIEN ORGANIZADA!**

¡NO, ES COMO UNA **FAMILIA DESESTRUCTURADA!**

... Y SOBRE EL **PAPEL DEL ESTADO**.

¡EL ESTADO ES UN **BUEN PADRE** QUE PUEDE PROMOVER EL CRECIMIENTO Y LA ESTABILIDAD!

¡NO, ES UN **MAL PADRE** QUE DEBERÍA INTERVENIR LO MENOS POSIBLE!

A VECES PARECE QUE LAS DIVERSAS LÍNEAS ARGUMENTALES DE LA MACROECONOMÍA **COINCIDEN**...

¡FINALMENTE ESTAMOS TODOS EN LA MISMA PÁGINA!

... COMO EN LOS CASOS DE LA **SÍNTESIS NEOCLÁSICA**...

LOS ECONOMISTAS SON COMO FAMILIAS DESESTRUCTURADAS **A CORTO PLAZO**...

... PERO COMO FAMILIAS BIEN ORGANIZADAS **A LARGO PLAZO**.

... O EL **CONSENSO DE WASHINGTON**.

LA FORMA DE AYUDAR A LOS **PAÍSES POBRES A HACERSE RICOS**...

... ES **PROMOVER** EL **COMERCIO INTERNACIONAL**...

... LOS **PRESUPUESTOS PÚBLICOS EQUILIBRADOS**...

... Y LOS **MERCADOS LIBRES**.

AUNQUE ES **FÁCIL HACER CHISTES** SOBRE LAS DISCREPANCIAS ENTRE LOS MACROECONOMISTAS...

SI SE PUSIERAN EN FILA TODOS LOS ECONOMISTAS DEL MUNDO...

... AUN ASÍ SEGUIRÍAMOS SIN LLEGAR A UNA CONCLUSIÓN.

... UN VISTAZO A LA HISTORIA MUESTRA QUE EN REALIDAD LOS MACROECONOMISTAS HAN HECHO **PROGRESOS ENORMES.**

LOS DEBATES SOBRE EL **MERCANTILISMO...**

¡EL CRECIMIENTO ECONÓMICO SE LOGRA **ACUMULANDO ORO Y PLATA!**

... O LA **AUTOSUFICIENCIA...**

¡EL CRECIMIENTO ECONÓMICO SE LOGRA **HACIÉNDONOSLO TODO NOSOTROS MISMOS!**

... PARECEN REALMENTE **OBSOLETOS** AHORA QUE LOS MACROECONOMISTAS **ENTIENDEN MEJOR EL COMERCIO INTERNACIONAL.**

EL COMERCIO PRODUCE **PERDEDORES** ADEMÁS DE **GANADORES...**

¡PERO A LARGO PLAZO ES **ESTUPENDO PARA TODO EL MUNDO!**

¡IGUAL QUE EL PROGRESO TECNOLÓGICO!

DEL MISMO MODO, DADO LO QUE HOY SABEMOS DE **POLÍTICA MONETARIA**...

A LARGO PLAZO EL DINERO ES NEUTRAL...

... ¡PERO A CORTO PLAZO TENDRÁS INFLACIÓN SI IMPRIMES DEMASIADO!

... RESULTA CURIOSO OBSERVAR LAS DISPUTAS DEL PASADO EN TORNO A COSAS COMO EL **PATRÓN ORO**.

¡SACAR AL PAÍS DEL PATRÓN ORO SERÁ EL **FIN DE LA CIVILIZACIÓN OCCIDENTAL!**

¡DEJE DE TRATAR DE CRUCIFICAR A LA HUMANIDAD EN **UNA CRUZ DE ORO!**

Y, ASIMISMO, LOS MACROECONOMISTAS HAN APRENDIDO MUCHO DE LOS **ERRORES DE LA GRAN DEPRESIÓN.**

VAMOS A **INTENSIFICAR** LA OFERTA MONETARIA!

¡OH, NO!

¡VAMOS A EQUILIBRAR EL PRESUPUESTO **PASE LO QUE PASE!**

¡NO, NO!

¡VAMOS A REDUCIR LA **SOBREPRODUCCIÓN** Y HACER QUE NUESTROS AGRICULTORES **CREZCAN MENOS!**

¡NO, NO, NO!

POR DESGRACIA, LOS PROGRESOS REALIZADOS EN MACROECONOMÍA PUEDEN VERSE **ECLIPSADOS**...

... POR LO QUE ALAN BLINDER DENOMINA LA VERSIÓN ECONÓMICA DE LA **LEY DE MURPHY.**

¡SI ALGO PUEDE IR MAL, **IRÁ MAL!**

EL PROBLEMA ES QUE LA OPINIÓN PÚBLICA EN GENERAL NO PARECE PRESTAR DEMASIADA ATENCIÓN CUANDO LOS ECONOMISTAS **SE PONEN DE ACUERDO**...

COINCIDIMOS EL **90%** DE LAS VECES.

SÍ, ESTOY DE ACUERDO CON ESO.

ZZZZZZZZZZZZZZZZ

... PERO LA GENTE PARECE ANSIOSA **POR VERLES PELEARSE.**

¡EL 10% DE LAS VECES **TUS TEORÍAS SON CHORRADAS!**

¡EL MISMO 10% EN QUE TÚ ACTÚAS COMO UN **LUNÁTICO!**

EN LOS PRÓXIMOS AÑOS, EDUCAR A LOS **NO ECONOMISTAS** SOBRE LOS **PRINCIPIOS BÁSICOS**...

¡ABRID PASO A LA **DESTRUCCIÓN CREATIVA!**

UNA DE LAS **MEJORES FORMAS DE AYUDA**...

...¡ES EL **COMERCIO!**

¡Poned precio al carbono **YA!**

... VA A SER TAN IMPORTANTE COMO LUCHAR CONTRA LOS **DOS GRANDES PROBLEMAS DE LA MACROECONOMÍA.**

¡ESTOY LUCHANDO CON LA **ESTABILIDAD A CORTO PLAZO!** ¡NECESITO TU AYUDA!

¡VALE, PERO PRIMERO TIENES QUE AYUDARME CON EL CRECIMIENTO **A LARGO PLAZO!**

SOLO **A LARGO PLAZO** SABREMOS EL RESULTADO DE ESTOS COMBATES.

¿CÓMO SABREMOS SI HEMOS SALIDO **VICTORIOSOS?**

TENDREMOS **ESTABILIDAD** Y **PROSPERIDAD**...

... ¡Y **CONVERGENCIA!**

Y YA VEÍAMOS EN LA PAGINA 10 **QUÉ ES LO QUE OCURRE A LARGO PLAZO...**

GLOSARIO

DÉFICIT/SUPERÁVIT PRESUPUESTARIO

UN ESTADO TENDRÁ **DÉFICIT PRESUPUESTARIO** DETERMINADO AÑO SI LOS INGRESOS (DINERO ENTRANTE) SON INFERIORES A LOS GASTOS (DINERO SALIENTE), **SUPERÁVIT PRESUPUESTARIO** SI LOS INGRESOS SON SUPERIORES A LOS GASTOS, Y **EQUILIBRIO PRESUPUESTARIO** SI AMBAS PARTIDAS SON IGUALES; LA ACUMULACIÓN DE TODOS LOS **DÉFICIT NACIONALES** ANUALES CONSTITUYE LA **DEUDA NACIONAL**: 79, 149, 160-161.

DEFLACIÓN

DESCENSO GENERALIZADO DE LOS PRECIOS A LO LARGO DEL TIEMPO (LO CONTRARIO DE LA INFLACIÓN): 55-56.

DEFLACTOR DEL PIB

FORMA DE MEDIR LA INFLACIÓN QUE LOS MACROECONOMISTAS UTILIZAN POR REGLA GENERAL EN LUGAR DEL IPC DEBIDO A QUE SE CENTRA EN LA **PRODUCCIÓN** EN LUGAR DEL **CONSUMO**: 66.

EL DEFLACTOR DEL PIB COMPARA LOS PRECIOS EN LOS AÑOS X E Y PRIMERO CALCULANDO EL **PIB NOMINAL EN EL AÑO Y** (UTILIZANDO LOS PRECIOS DEL AÑO Y), LUEGO CALCULANDO EL **PIB REAL EN EL AÑO Y** (UTILIZANDO LOS PRECIOS DEL AÑO X), Y POR ÚLTIMO COMPARANDO LOS DOS CÁLCULOS. HE AQUÍ UN EJEMPLO:

IMAGINEMOS UNA ECONOMÍA DONDE SOLO HAY DOS BIENES DE CONSUMO: POLLO Y TERNERA.

	PRECIO DEL POLLO	KILOS DE POLLO EN EL CONJUNTO	PRECIO DE LA TERNERA	KILOS DE TERNERA EN EL CONJUNTO
AÑO X	1 $/KILO	200	3 $/KILO	100
AÑO Y	2 $/KILO	250	4 $/KILO	150

PRIMERO CALCULAMOS EL **PIB NOMINAL EN EL AÑO Y**: $(2 \$ \times 250) + (4 \$ \times 150) = 1.100 \$$.

LUEGO CALCULAMOS EL **PIB REAL EN EL AÑO Y** UTILIZANDO LOS **PRECIOS DEL AÑO X**: $(1 \$ \times 250) + (3 \$ \times 150) = 700 \$$.

FINALMENTE, COMPARANDO LOS DOS AÑOS, CONCLUIMOS QUE LA INFLACIÓN (MEDIDA POR EL DEFLACTOR DEL PIB) ENTRE EL AÑO X Y EL AÑO Y FUE DEL 57%:

$$\frac{1.100 \$}{700 \$} - 1 = 0,57$$

DEPRESIÓN

UNA RECESIÓN MUY GRAVE: 18, 154.

DERECHOS DE PROPIEDAD

LEYES QUE ESTABLECEN LA PROPIEDAD PRIVADA Y EL CONTROL DE ESTA. LA SEGURIDAD DE LOS DERECHOS DE PROPIEDAD SE CONSIDERA UN FACTOR CLAVE DEL CRECIMIENTO ECONÓMICO: 80, 173.

DURANTE LAS EXPANSIONES– QUE ACTÚAN DE FORMA NATURAL CONTRARRESTANDO EL CICLO ECONÓMICO: **77.**

G

GRAN DEPRESIÓN

EL CATASTRÓFICO COLAPSO ECONÓMICO QUE SE INICIÓ EN 1929: **10, 18, 155-156.**

COMPARADA CON LA «GRAN RECESIÓN» INICIADA EN 2007: **157.**
Y DEFLACIÓN: **55.**
Y «GRAN VACACIÓN»: **29.**

GRAN RECESIÓN

LA PEOR CONTRACCIÓN ECONÓMICA DESDE LA GRAN DEPRESIÓN; SE INICIÓ EN 2007: **18, 70, 155.**

COMPARADA CON LA GRAN DEPRESIÓN: **157.**
RESPUESTAS A TRAVÉS DE LAS POLÍTICAS MONETARIA Y FISCAL: **159-161.**

I

ILUSIÓN MONETARIA

IDEA SEGÚN LA CUAL LA GENTE RESPONDE A LOS PRECIOS NOMINALES EN LUGAR DE A LOS PRECIOS REALES (AJUSTADOS A LA INFLACIÓN): **49, 57.**

ÍNDICE DE PRECIOS AL CONSUMO (IPC)

FORMA DE MEDIR LA INFLACIÓN EN LOS PRECIOS AL CONSUMO: **46-47, 51.**

COMPARADO CON EL DEFLACTOR DEL PIB: **222.**

EL IPC COMPARA LOS PRECIOS EN LOS AÑOS X E Y EXAMINANDO EL COSTE DE UNA **CESTA REPRESENTATIVA** DE BIENES Y SERVICIOS. HE AQUÍ UN EJEMPLO:

IMAGINEMOS UNA ECONOMÍA QUE PRODUCE SOLO DOS BIENES: POLLO Y TERNERA.

	PRECIO DEL POLLO	KILOS DE POLLO PRODUCIDOS	PRECIO DE LA TERNERA	KILOS DE TERNERA PRODUCIDOS
AÑO X	1 $/KILO	200	3€/KILO	100
AÑO Y	2 $/KILO	200	4€/KILO	100

PRIMERO CALCULAMOS EL **PRECIO DEL CONJUNTO EN EL AÑO X**:
(1 $ × 200) + (3 $ × 100) = **500 $.**

LUEGO CALCULAMOS EL **PRECIO DEL CONJUNTO EN EL AÑO Y**:
(2 $ × 200) + (4 $ × 100) = **800 $.**

FINALMENTE, COMPARANDO LOS DOS AÑOS, CONCLUIMOS QUE LA INFLACIÓN (MEDIDA POR EL IPC) ENTRE EL AÑO X Y EL AÑO Y FUE DEL **60 %**:

$$\frac{800\ \$}{500\ \$} - 1 = 0{,}60$$

INDUSTRIA NACIENTE

EL ARGUMENTO DE QUE SE DEBERÍAN UTILIZAR ARANCELES U OTRAS BARRERAS COMERCIALES PARA PROTEGER A LAS PEQUEÑAS EMPRESAS NACIONALES DE LA COMPETENCIA DE LAS GRANDES EMPRESAS EXTRANJERAS: **113, 123.**

INFLACIÓN

INCREMENTO GENERALIZADO DE LOS PRECIOS A LO LARGO DEL TIEMPO, A MENUDO MEDIDO POR MEDIO DEL IPC O DEL DEFLACTOR DEL PIB: 44-58.

L

LUDITAS

OBREROS TEXTILES INGLESES QUE DESTRUÍAN LOS TELARES MECÁNICOS A PRINCIPIOS DEL SIGLO XIX, O, POR EXTENSIÓN, PERSONAS QUE SE OPONEN AL PROGRESO TECNOLÓGICO: 94.

M

MANO INVISIBLE

METÁFORA DE ADAM SMITH PARA DESCRIBIR CÓMO EL INTERÉS INDIVIDUAL PUEDE LLEVAR A RESULTADOS BUENOS PARA EL GRUPO EN SU CONJUNTO: 6, 8, 83.

MICROCRÉDITOS

ESFUERZO POR PROPORCIONAR ACCESO A LOS PRÉSTAMOS, LAS CUENTAS DE AHORRO Y OTROS SERVICIOS BANCARIOS A LOS POBRES: 132.

MONEDA

DINERO UTILIZADO EN UN PAÍS: 139-150.

N

NEUTRALIDAD DEL DINERO

IDEA SEGÚN LA CUAL UN CAMBIO EN EL VALOR DEL DINERO —POR EJEMPLO, QUE EN UN MOMENTO DADO SE PRODUZCA UNA INFLACIÓN DEL 10 %— NO AFECTA A LAS VARIABLES REALES COMO EL PARO: 34-37.

DEBIDO A QUE DA PIE A HACER DIBUJOS GRACIOSOS, EN ESTE LIBRO TAMBIÉN SE HACE USO (SERÍA MÁS CORRECTO DECIR QUE SE HACE MAL USO) DEL TÉRMINO **SUPERNEUTRAL**, QUE ES LA IDEA DE QUE LOS CAMBIOS EN LA TASA DE INCREMENTO DEL DINERO —POR EJEMPLO, PASAR DE UNA INFLACIÓN DEL 5 AL 10 %— NO AFECTAN A LAS VARIABLES REALES.

O

OFERTA Y DEMANDA

IDEA SEGÚN LA CUAL EN LOS MERCADOS COMPETITIVOS LOS PRECIOS VIENEN DETERMINADOS POR LA INTERSECCIÓN DE LA CURVA DE OFERTA DEL MERCADO Y LA CURVA DE DEMANDA DEL MERCADO: 6.

OPERACIONES DE MERCADO ABIERTO

COMPRA O VENTA DE BONOS DEL ESTADO U OTROS ACTIVOS POR PARTE DE LOS BANCOS CENTRALES A FIN DE ALTERAR LA OFERTA MONETARIA: 40-43.

P

PÁNICO BANCARIO

SITUACIÓN DE PÁNICO EN LA QUE TODOS LOS IMPOSITORES TRATAN DE RETIRAR AL MISMO TIEMPO SU DINERO DE UN BANCO: 164.

PARETO

TRES TÉRMINOS ASÍ LLAMADOS POR EL ECONOMISTA ITALIANO VILFREDO PARETO. UN RESULTADO CONSTITUYE UNA **MEJORA DE PARETO** CON RESPECTO A OTRO SI EL CAMBIO HACE QUE AL MENOS UNA PERSONA SALGA GANANDO SIN QUE NADIE SALGA PERDIENDO, UN RESULTADO CONCRETO SERÁ **PARETO-INEFICIENTE** O **PARETO-EFICIENTE** EN FUNCIÓN DE SI ADMITE O NO UNA **MEJORA DE PARETO**, ES DECIR, DE SI HAY O NO OTRO RESULTADO QUE HAGA QUE AL MENOS UNA PERSONA SALGA GANANDO SIN QUE NADIE SALGA PERDIENDO: 81, 93, 95, 98, 114.

PARO O DESEMPLEO

SITUACIÓN EN LA QUE UN INDIVIDUO BUSCA ACTIVAMENTE UN TRABAJO REMUNERADO, PERO NO LO ENCUENTRA: 22-27.

PATRÓN ORO

SISTEMA MONETARIO BASADO EN EL VALOR DEL ORO: 215.

PICO DEL CARBÓN, PICO DEL PETRÓLEO, ETC.

TEORÍA SOBRE LA POSIBILIDAD DE QUE SE AGOTEN RECURSOS TALES COMO EL PETRÓLEO Y EL CARBÓN: 181-185.

POBLACIÓN ACTIVA

EL ACERVO DE POTENCIALES TRABAJADORES, INCLUIDOS A LOS EMPLEADOS QUE TIENEN TRABAJOS REMUNERADOS Y LOS DESEMPLEADOS QUE BUSCAN TRABAJOS REMUNERADOS: 22.
VARIACIONES: 19.

PODER ADQUISITIVO

CANTIDAD DE BIENES Y SERVICIOS QUE PUEDEN COMPRARSE CON UNA DETERMINADA CANTIDAD DE DINERO: 35, 46, 52, 72.

POLÍTICA FISCAL

CONJUNTO DE POLÍTICAS PÚBLICAS RELACIONADAS CON LOS IMPUESTOS Y EL GASTO: 76-79.
CONTRASTE CON LA POLÍTICA MONETARIA: 76.
Y GRAN DEPRESIÓN: 160-161.

POLÍTICA MONETARIA

CONJUNTO DE ACCIONES DE LOS BANCOS CENTRALES QUE INCREMENTAN O DISMINUYEN LA OFERTA DE DINERO A FIN DE PROMOVER LA ESTABILIDAD A CORTO PLAZO: 37.
CONTRASTE CON LA POLÍTICA FISCAL: 76.
Y GRAN DEPRESIÓN: 158.

PONER PRECIO AL CARBONO
APLICAR UN IMPUESTO O UNA POLÍTICA
DE LIMITACIÓN Y NEGOCIACIÓN QUE ASPIREN A REDUCIR LAS EMISIONES
DE CARBONO HACIENDO QUE CONTAMINAR RESULTE CARO: 191-192, 217.

PPA (PARIDAD DEL PODER ADQUISITIVO)
TIPO DE CAMBIO CALCULADO UTILIZANDO EL PODER ADQUISITIVO DE
DIFERENTES MONEDAS: 72.

PRODUCTIVIDAD LABORAL
LA PRODUCCIÓN DE UN TRABAJADOR EN UNA HORA: 204.

PRODUCTO INTERIOR BRUTO (PIB)
MEDIDA DE LA POTENCIA ECONÓMICA DE UN PAÍS U OTRO ÁMBITO
GEOGRÁFICO: 59-72.
DESCENSO DEL PIB REAL EN LA GRAN DEPRESIÓN Y LA GRAN RECESIÓN: 157.
    PIB PER CÁPITA Y CONVERGENCIA: 168-169.
    Y CAMBIO CLIMÁTICO: 191.
    Y GASTO PÚBLICO EN AGRICULTURA Y COOPERACIÓN INTERNACIONAL: 138.
    Y TAMAÑO DEL ESTADO: 77, 84, 196-199.

PROGRESO TECNOLÓGICO
MEJORAS EN LA CAPACIDAD DE CONVERTIR LOS FACTORES DE
PRODUCCIÓN EN PRODUCTOS ELABORADOS: 90-98, 100, 123.
    POSIBLE RALENTIZACIÓN: 202-204.

PROTECCIONISMO
ESFUERZOS POR PROTEGER A LA INDUSTRIA NACIONAL FRENTE A LA
COMPETENCIA EXTRANJERA, POR EJEMPLO, POR MEDIO DE ARANCELES A
LAS IMPORTACIONES O SUBVENCIONES A LA INDUSTRIA NACIONAL: 122-123.
    Y AGRICULTURA: 136.

R

RECESIÓN
DEFINIDA POR LA OFICINA NACIONAL DE INVESTIGACIONES ECONÓMICAS
DE ESTADOS UNIDOS COMO «UN DESCENSO SIGNIFICATIVO DE LA
ACTIVIDAD ECONÓMICA EXTENDIDO A TODO EL CONJUNTO DE LA
ECONOMÍA, QUE DURA MÁS DE UNOS POCOS MESES, NORMALMENTE
VISIBLE EN EL PIB REAL, LA RENTA REAL, EL EMPLEO, LA PRODUCCIÓN
INDUSTRIAL Y LAS VENTAS TANTO AL POR MAYOR COMO AL DETALLE»: 154.
    MEDIDA DESDE SU MÁXIMO HASTA SU MÍNIMO: 67.

REGLA DEL 70
REGLA PRÁCTICA SEGÚN LA CUAL UNA INFLACIÓN, POR EJEMPLO, DEL 2 %
DUPLICARÁ LOS PRECIOS APROXIMADAMENTE EN 70/2 = 35 AÑOS, Y QUE
UN INCREMENTO DEL PIB REAL PER CÁPITA, POR EJEMPLO, DEL 5 % ANUAL
DUPLICARÁ EL NIVEL DE VIDA APROXIMADAMENTE EN 70/5 = 12 AÑOS: 47.

RESERVA FEDERAL
EL BANCO CENTRAL DE ESTADOS UNIDOS: 37.
    Y GRAN DEPRESIÓN/GRAN RECESIÓN: 158-159.

Planeta Tierra

LA **REGLA PRÁCTICA** QUE RELACIONA EL TIPO DE INTERÉS NOMINAL (i_N), EL TIPO DE INTERÉS REAL (i_R) Y LA TASA DE INFLACIÓN (P) ES:

$$i_R \approx i_N - P$$

POR EJEMPLO, SI EL TIPO DE INTERÉS NOMINAL ES DEL 6% ($i_N = 0,06$) Y LA TASA DE INFLACIÓN ES DEL 4% ($p = 0,04$), EL TIPO DE INTERÉS REAL SERÁ APROXIMADAMENTE DEL 2% ($i_R \approx 0,06 - 0,04 \approx 0,02$)

MIENTRAS LA INFLACIÓN NO SEA DEMASIADO ELEVADA, ESTA REGLA PRÁCTICA CONSTITUYE UNA BUENA APROXIMACIÓN DE LA **FÓRMULA REAL**, QUE ES:

$$i_R = \frac{1 + i_N}{1 + P} - 1$$

PARA $i_N = 0,06$ Y $P = 0,04$, TENEMOS QUE $i_R = (1,06/1,04) - 1 = 0,019$.

TRAGEDIA DE LOS COMUNES
SITUACIONES COMO LA CONGESTIÓN DEL TRÁFICO, LA SOBREPESCA, EL CAMBIO CLIMÁTICO Y OTRAS SIMILARES EN LAS QUE EL PROPIO INTERÉS INDIVIDUAL NO CONDUCE A UN RESULTADO BUENO PARA EL GRUPO EN SU CONJUNTO: 6, 187.
Y GESTIÓN COMUNITARIA: 128-129.

TRAMPA DE POBREZA
CÍRCULO VICIOSO (INESTABILIDAD, GUERRA, BAJA INVERSIÓN, ETC.) QUE MANTIENE A LOS PAÍSES POBRES ATRAPADOS EN LA POBREZA: 172-173.

U

UNIÓN MONETARIA
EL USO DE UNA MISMA MONEDA EN MÚLTIPLES PAÍSES: 146-150.

V

VARIABLES NOMINALES
SALARIOS, PRECIOS, TIPOS DE INTERÉS U OTRAS VARIABLES QUE, A DIFERENCIA DE LAS REALES, PUEDEN VERSE DISTORSIONADAS POR LA INFLACIÓN, NORMALMENTE PORQUE SE EXPRESAN EN TÉRMINOS MONETARIOS: 49-53.

VARIABLES REALES
VARIABLES QUE, A DIFERENCIA DE LAS NOMINALES, NO SE VEN DISTORSIONADAS POR LA INFLACIÓN: 36, 49.
PIB REAL: 65-69.
PRECIOS REALES: 50-51.
TIPOS DE INTERÉS REALES: 52-53.

VENTAJA COMPARATIVA
IDEA SEGÚN LA CUAL DOS INDIVIDUOS (O DOS PAÍSES) PUEDEN GANAR AMBOS CON EL COMERCIO AUNQUE UNO DE ELLOS SEA MEJOR QUE EL OTRO EN TODO: 101, 136.